CLAUDIUS NOURRY

LA DÉPOPULATION

DE

LA FRANCE

LA QUESTION LAITIÈRE

AVEC UNE PRÉFACE

Du Docteur L. DUTREMBLAY

PARIS
LIBRAIRIE UNIVERSELLE
41, Rue de Seine, 41

1890

LA QUESTION LAITIÈRE

CLAUDIUS NOURRY

LA DÉPOPULATION

DE

LA FRANCE

LA QUESTION LAITIÈRE

AVEC UNE PRÉFACE

Du Docteur L. DUTREMBLAY

PARIS
LIBRAIRIE UNIVERSELLE
41, Rue de Seine, 41.

1890

A MON PÈRE

Il serait donc de première utilité de songer à l'avenir des enfants élevés au biberon, dans les grandes villes, et, par suite, à l'avenir physique et intellectuel de tout un peuple, en s'intéressant à la création des vacheries modèles où l'on pourrait, pour ainsi dire, apprendre à faire du lait. Ce serait le seul moyen de remédier à la mortalité chez ces malheureux petits êtres.

Dr L. Dutremblay.

Hygiène pratique de l'Enfance et de l'Adolescence, p. 28.

NOTE DE L'AUTEUR

Comme le dit fort bien le Docteur L. [illegible]remblay, ce qu'il faut, *c'est apprendre à fa*[illegible] *du lait*, car on l'ignore complètement. De là, notre demande de création d'une Ecole de [illegible]iterie, dont les élèves sauront faire du lait et non [illegible]n feront. Nous ne dirons rien de plus, la pensée de cet ouvrage étant résumée tout entière en ces lignes dont nous croyons démontrer la véracité indéniable.

Nous prévenons aussi le lecteur que cet ouvrage est rempli de citations. L'auteur est un nouveau venu dans le monde de la science. Aussi, ne pouvait-il que s'appuyer sur des textes autorisés. Ce premier volume n'est qu'une œuvre critique, en quelque sorte. Mais, il sera le seul de ce genre. Les suivants se baseront sur des faits plus nouveaux et ne contiendront que peu de citations.

Claudius NOURRY.

PRÉFACE

La nature a pourvu les animaux d'un instinct spécial qui leur fait soigner et élever leurs petits, sans qu'il leur soit nécessaire d'apprendre ce qu'il faut faire et ce qu'il faut éviter.

Il n'en est pas de même dans l'espèce humaine, et l'amour que nous professons pour nos enfants ne suffit pas à les protéger contre les maladies.

Des notions acquises par l'expérience viennent nous guider dans la manière d'élever les enfants.

Malgré ces règles hygiéniques, plus ou moins bien appliquées, la mortalité est encore grande parmi les enfants, — mortalité due à des causes bien différentes et complexes.

Mais assurément la question de l'allaitement est celle qui intéresse au plus haut degré le développement physique des enfants et qui est la cause principale de la mortalité.

On ne saurait donc trop s'intéresser aux auteurs qui, comme M. Claudius Nourry, s'efforcent de nous montrer du doigt les causes de la dépopulation de la France, — causes qui existent principalement dans la mauvaise alimentation donnée aux enfants, et dans des règles erronées de l'hygiène.

Eh bien ! la question la plus importante de l'hygiène de l'enfance est la question du lait.

A l'époque de l'âge d'or chanté par les poètes, le lait était le mets favori, même des hommes. « Lacte nuro veteres usi memorantur et herbis, » a dit Ovide.

A ce point de vue, le livre de M. Claudius Nourry est des plus utiles, car son étude sur la question laitière est complète.

Le simple fait, que le lait suffit exclusivement à l'alimentation et à la croissance des jeunes mammifères, prouve qu'il constitue par excellence un aliment complet.

Il serait donc de première utilité de songer à l'avenir des enfants élevés au biberon, et par suite à l'avenir physique et intellectuel de tout un peuple, en s'intéressant sans cesse à la création de vacheries modèles, où l'on pourrait apprendre, pour ainsi dire, à faire du lait.

Dr L. DUTREMBLAY,

LA DÉPOPULATION DE LA FRANCE

AVANT-PROPOS

« La grandeur des rois, disait Vauban, se mesure au nombre de leurs sujets. » Une légère variante exigée par l'évolution politique des États nous permettra de dire que la grandeur des nations se mesure actuellement au nombre de leurs citoyens.

Si cette proposition n'est pas vraie quand on considère la grandeur littéraire, morale, industrielle, intellectuelle en un mot, des peuples, elle l'est du moins profondément quand on vise la grandeur militaire. Certes, l'histoire de Darius et des Grecs se retrouve parfois dans les annales du monde. Mais, en revanche, celle des Barbares et de Rome s'y rencontre bien plus souvent. En tout cas, elle prouve la vérité de cette proposition quand les peuples nombreux ne sont pas efféminés par une civilisation trop raffinée ; quand, surtout, les qualités viriles des peuples sont à leur apogée chez quelques-uns ou du moins supérieures à celles des autres peuples.

Nous avons fait la triste expérience de cette vérité lors des douloureuses circonstances qu'il est inutile de rappeler. C'est donc le cas ou jamais de ne point douter de cette vérité. Une civilisation trop raffinée a amolli, comme la forge amollit le fer, les qualités si brillantes, si propres, qui ont fait du Français ce type unique de la virilité indomptable, se riant des obstacles avec une tranquille et franche gaité, — virilité pleine d'une juste confiance en soi, tant elle est complète.

Civilisation trop raffinée est un terme, certes, excessif en ce sens que, pour les classes inférieures, il n'est pas juste et ne s'applique qu'aux classes dirigeantes, chez lesquelles aux moments critiques on retrouve intact tout ce qui est le glorieux apanage de la race française. Je crois même que ces instants critiques ne les font que mieux saillir, ces qualités ; mais le malheur est qu'alors il est trop tard. Maurice Bouchor, le jeune et admirable poète, nous a laissé dans son marquis de la Gâte-Brulé un type saisissant et bien vrai de cet état tout particulier des classes dirigeantes qu'il n'est pas excessif de qualifier de civilisation trop raffinée.

Pour les classes inférieures, le type est bien différent. C'est l'enfant à peine sorti des langes que l'on abandonne à toutes ses présomptueuses pensées ; c'est la grenouille se croyant bœuf et voulant agir comme si elle l'était réellement. On se trouve dans un état intermédiaire entre l'enfance intellectuelle des classes inférieures et leur éducation complète, — état dont les résultats ne peuvent être que ce qu'ils sont : confiance absolue en ses propres lumières et aveuglement sur son inexpérience. Dans ces conditions on ne peut se trouver qu'en présence de déraisonnement de la part des masses chez qui tous les sentiments trop obscurs ont eu une trop rapide éclosion. Et, c'est de cet état que résulte le grand écueil, l'écueil mortel, qu'on a appelé la dépopulation de la France !

Nous n'avons pas à nous y arrêter ici. Lorsque le moment sera venu, cette étude se classera naturellement dans les étapes successives par lesquelles passera notre étude sur la dépopulation et ses remèdes.

Qu'il nous suffise de dire que c'est là une cause toute

politique du mal, à laquelle se sont jointes de nombreuses causes économiques qui n'ont pas peu contribué à son développement.

La statistique comparée nous dit qu'au commencement du siècle, l'accroissement de la population, en France, était de 6.02 pour 100 habitants ! En 1879, il n'était que de 3.34. Enfin, en 1881, de 2.89, dont 1.37 seulement pour la population indigène, le reste étant dû à l'immigration des étrangers.

Ces chiffres sont effrayants quand on les compare à ceux des autres nations, nos voisines. L'Italie et la Belgique, qui occupent dans la comparaison la place immédiatement précédente, ont un accroissement de 7 pour 100. L'Allemagne de 10, l'Angleterre de 13, alors, — remarquons bien ce fait — *que les maladies contagieuses y causent les plus nombreux ravages* ! Enfin l'Amérique a vu, depuis le commencement du siècle, décupler sa population. Seule, l'Irlande, épuisée par l'émigration aux Etats-Unis et au Canada, s'affaiblit plus rapidement que la France.

Or, en 1700, la population de la France était les 38 centièmes de la population totale des grandes puissances européennes. En 1789, elle n'en était que les 27 centièmes. En 1815, les 20 centièmes seulement ; soit, un peu plus de la moitié de ce qu'elle était, toute proportion gardée, sous Louis XIV. En 1884, la France n'est plus, pour le chiffre de sa population, que les 13 centièmes de celle de l'Europe soit un tiers !

On voit de quel train nous allons. La France est tombée de son rang de puissance la plus peuplée, au quatrième rang, — serrée de près par l'Angleterre; — et le rapport de sa population n'est plus à celle de l'Europe, nous venons de le voir, que le tiers de celui d'alors. Tout cela, en moins de deux siècles !

Aussi, si l'on ne parvient à enrayer le mal, la fin est proche, très proche ; car, bien que l'on parle d'un désarmement général, ce n'est là qu'un événement très problématique, trop problématique même, pour que la force numérique n'obtienne dans les prochaines compétitions européennes la préséance que notre anéantissement seul peut permettre d'obtenir.

Il faut donc combattre la dépopulation sans trêve ni merci.

Les principales causes sont la décroissance constante du chiffre des naissances. Elles tiennent uniquement à des raisons politiques et économiques, d'autant plus délicates à soulever qu'elles provoqueraient des discussions violentes et interminables. Les autres résident dans la mortalité. Certes, notre mortalité est inférieure à celle de l'Europe entière. Mais néanmoins nous pouvons encore réduire le chiffre des décès dans une large mesure au moyen d'observations hygiéniques plus rigoureuses et plus réfléchies.

Si pour les causes politiques et économiques on risque de soulever de véritables tempêtes, du moins, l'hygiène est un terrain neutre où l'on est sûr de trouver l'unanimité dans le perfectionnement de la culture.

Est-ce à dire que l'on doive négliger les causes politiques et économiques ? Non certes ; mais le mal est trop grand pour ne pas le réduire au plus vite. Aussi, doit-on d'abord aller où l'on est sûr de trouver partout émulation et enthousiasme.

Et puis jamais, quoi qu'on fasse, on ne pourra obliger les hommes à engendrer de plus nombreuses familles qu'ils ne veulent ou ne peuvent. Il faut pour cela une longue action morale amenant les esprits par des conditions politiques, économiques, sociales, toutes particulières, à ne pas craindre le luxe coûteux d'une famille nombreuse. Et cette action n'est pas l'œuvre d'un jour, le fruit d'un seul printemps fécondant en l'esprit de l'homme les germes sauveurs. Elle demandera, pour mûrir, bien des étés.

Seulement, si l'on est impuissant de ce côté, la porte de l'hygiène reste ouverte à ceux, qui inquiets du mal qui peut conduire la France à sa perte, veulent entrer de plein pied dans la voie des remèdes sérieux et féconds en excellents résultats.

Nous avons entrepris l'étude complète du mal et des remèdes. Les remarques précédentes nous tracent notre marche : les questions hygiéniques d'abord ; les questions sociales ensuite.

Et nous souvenant avec M. Rochard de deux des lois qui sont la conclusion de son *Traité d'Hygiène sociale*, que, pour la société,

2° « Rien n'est plus dispendieux que la maladie si ce n'est la mort ; »

3° « Le gaspillage de la vie humaine est le plus ruineux de tous (1). »

nous combattrons la maladie et la mortalité !

Certes, il est très vrai que la mortalité en France, si considérable qu'elle soit, est une des moindres de l'Europe. Son coefficient n'était en 1887 que de 22.51 ; alors que, si l'on s'en rapporte aux chiffres cités par M. Bertillon (2), on voit que la Russie a 36 décès pour 1000 ; la Hongrie de 36 à 37 ; l'Autriche et la Bavière 32 ; l'Espagne et l'Italie 30 ; la Prusse 27 à 28 ; la France 22 à 23 et la Norvège 18 à 19.

La France qui avait en 1801, une mortalité de 27,82 occupe donc dans ce classement une des meilleures places et

(1) Rochard, *Traité d'hygiène sociale*, p. 688.

(2) Bertillon, *Démographie de la France*, *Dictionnaire encyclopédique*.

voit sa mortalité diminuer plus vite que sa population ne s'accroît. Pourtant, ce ne sont là que de fictives apparences. Si le coefficient de la mortalité est moindre, c'est que la mort fait surtout d'amples moissons dans les générations nouvellement nées. Et comme, en France, il en naît moins qu'ailleurs, il en meurt moins, voilà tout. Car pour le reste de sa population, pour la population adolescente, adulte et sénile, la France ne voit pas sa mortalité diminuer.

Ajoutons que la mortalité de l'enfance était à Paris, en 1887, de 7.12 sur 25 décès, et il sera bien clair que cette mortalité est celle qui réclame l'étude la plus immédiate.

Comme d'ailleurs cette mortalité est due d'une part au lait, l'aliment général de l'enfance et d'autre part à d'autres pratiques alimentaires moins importantes, nous commencerons notre étude par

I. *La Question laitière.*

Notre seconde étude devant porter sur

II. *La Mortalité de l'Enfance et l'Alimentation.*

Cette étude sur la mortalité de l'enfance nous montrera qu'aux causes dues à l'alimentation se joignent des causes d'hygiène, causes qui sont généralement de mêmes effets chez l'homme fait. Il faudra donc traiter de l'hygiène chez l'enfant et l'homme fait, soit de

III. *L'Hygiène sociale.*

Les mêmes études sur la mortalité de l'enfance nous

montreront, comme causes effrayantes, la mortalité et l'illégitimité. Nous devrons donc étudier la famille contemporaine. Mais, pour l'étudier, il faut, auparavant, connaître les conditions exigées par la famille de l'état économique actuel. Nous aurons donc à examiner

IV. *L'Etat économique de la France.*

Nous pourrons alors étudier la famille dans ses rapports avec cet état économique et aussi l'état social qui lui est créé. Donc,

V. *La Famille.*

Cette étude de la famille nous amènera à l'examen des transformations subies par la société dès l'époque où la population a commencé à décroître. Ces transformations s'identifient dans la législation aux diverses époques. Nous aurons, dès lors, comme étude

VI. *La Dépopulation et la Législation.*

De toutes ces études, il restera à coordonner les conclusions, à les mettre en évidence et, dès lors, à montrer par quels moyens on pourra exercer « une action morale amenant les esprits, par des conditions politiques, économiques, sociales, toutes particulières, à ne pas craindre le luxe couteux d'une famille nombreuse », ainsi que nous le disions il n'y a qu'un instant. Cette étude est évidemment une étude de politique pure. Nous l'appellerons :

VII. *La Politique de l'Avenir.*

Telle est l'œuvre que nous avons entreprise et dont nous

offrons, ici, la première partie. Cette œuvre est immense. Elle nous demandera bien des efforts. Mais elle ne nous effraye pas. Nous nous y attelons de tout cœur parce qu'elle touche à l'avenir de la Patrie et à l'amélioration du sort fait, en ce monde, à l'être humain, soit au bonheur de l'humanité.

Les disciples de Schopenaüer peuvent penser que, la vie étant la chose la plus insupportable du monde, on doit laisser mourir ceux qui le peuvent. Mais ceux-là sont de mauvais hommes et de mauvais Français. Qu'ils songent un peu que l'intérêt suprême de la France et de l'humanité réprouve leurs doctrines nihilistes et allemandes, et ils se condamneront eux-mêmes.

Pour nous, qui voyons avec peine le nombre considérable de bras vigoureux que la mort, amenée par des causes qu'il serait aisé de détruire, enlève à la Patrie démembrée, nous essayerons, par toutes nos forces, de combattre ces ravages désastreux, trop heureux si, comme récompense de notre labeur, nous pouvons nous dire un jour que nous avons été utiles à nos concitoyens, en particulier, et à l'humanité, en général.

Claudius Nourry.

LA QUESTION LAITIÈRE

CHAPITRE I

CONSOMMATION DU LAIT A PARIS

Alors que la production du vin n'est, en France, que de 35 millions d'hectolitres, celle du lait, d'après la statistique dressée par Tisserand, au Ministère de l'Agriculture, en 1882, est de 68 millions d'hectolitres. Ces chiffres nous donnent une idée de ce qu'est la consommation de ces deux liquides. Et, il n'est pas étonnant de voir le lait occuper la première place dans la production.

Les qualités du lait, sa merveilleuse composition, indiquent suffisamment que son emploi doit être général. Il l'est, en effet, d'abord dans le petit déjeûner, puis en tant qu'agent médical. A ce dernier titre, le lait a joui, de temps immémorial, d'une faveur très marquée.

« Sur son emploi en thérapeutique, on a émis une foule de théories, depuis Hippocrate jusqu'à nos jours, et l'aphorisme 64 du livre V du célèbre père de la médecine est présent à toutes les mémoires.

« Après Hippocrate, le lait conserva sa renommée jusqu'à l'époque de la polypharmacie arabiste, de l'alchimie et de l'astrologie, où l'on ne crut pas autant à ses bons effets.

« Cette défaveur ne fut que passagère, et, vers la fin du XVIe siècle, son étoile, qui avait décliné sensiblement, s'éleva plus haut que jamais, et voici par quel concours de circonstances :

« François Ier, très affaibli par les fatigues de la guerre et ses excès de toute nature, dépérissait chaque jour de plus en plus sans qu'il fût possible d'arrêter sa langueur croissante. Il entendit un jour parler d'un juif de Constantinople qui guérissait ces sortes de maladies et jouissait d'une réputation universelle. Le roi le fit venir, et le juif ne lui ordonna que de boire du lait d'ânesse. Le remède réussit admirablement, et le lait fut à la mode. Depuis, il n'a cessé d'être en faveur comme agent médical.

« Il est, à présent, démontré que dans les maladies aiguës : les maladies du foie, du tube digestif, de l'appareil respiratoire, du cœur, les hydropisies, l'herpès, la goutte, le cancer, la syphilis, la variole, il est d'un emploi avantageux, de même que pour cette maladie toute contemporaine où Charcot s'est taillé, comme en plein Paros, une gloire justement méritée; j'ai nommé la névrose (1) ».

Aussi, rien d'étonnant à ce que le lait soit de plus en plus en faveur, et que sa consommation devienne de plus en plus considérable, surtout si l'on tient compte de l'accroissement de le population parisienne, et, de ce fait, que plusieurs des maladies que nous venons de citer ont pris un plus grand développement.

Il est très difficile de se rendre compte, d'une manière exacte, de la quantité de lait absorbée par la consomma-

(1) *Le Lait*, par Cl. Nourry. Librairie Universelle, p. 15.

tion, à cause du manque de renseignements officiels, ou tout au moins certains.

Plusieurs auteurs ont bien donné des chiffres, mais on ne possède aucune certitude à leur sujet. Avant 1879, on ignore le nombre des vacheries de Paris, à plus forte raison celui des environs. De même, le lait ne payant pas de droit d'octroi, on ne peut s'assurer de la quantité de lait introduite. On ne doit donc accorder aux chiffres qu'une médiocre confiance, à ce point de vue; mais, pourtant, sans oublier que leur approximation jetant, néanmoins, quelque lumière, on aurait tort de la négliger. On peut, avec leur aide, suivre le mouvement ascendant de la quantité consommée journellement, et, par là, en acquérir une idée suffisante et instructive, ce qui, d'ailleurs, est le seul but de ce chapitre.

Le premier auteur, en date, qui se préoccupe de cette quantité, est Denis de Montfort, qui établit que le lait vendu à Paris, en 1816, peut s'évaluer à 125.000 pintes. La pinte de Paris valait un peu moins d'un litre, soit exactement, d'après Littré, 0 lit. 931. Cette pinte se vendait 0 fr. 50. Quel écart avec le prix moyen actuel !

Les nourrisseurs des environs, et les quelques vacheries de l'intérieur, étaient; alors, en possession exclusive de la fourniture de la capitale. Jusqu'en 1830, ils purent suffire aux besoins de la population; mais, bientôt, la chose ne leur fut plus possible, et, en 1832, on fonda la première laiterie en gros, qui recueillait le lait des environs, dans un rayon de 35 à 40 kilomètres, et le vendait à des détaillants, les crémiers d'aujourd'hui. C'est de cette époque que date cette branche du commerce, maintenant si répandue à Paris.

Jusqu'en 1840, époque de la création des chemins de fer aux environs de la capitale, le commerce de laiterie resta en cet état. Mais aussitôt que ce nouveau mode de transport eut ouvert, grâce à sa sécurité et à sa rapidité, de nouveaux débouchés aux spéculateurs, le rayon d'approvisionnement s'agrandit insensiblement, et, maintenant, encore, il augmente constamment. En 1843 (1), on reconnut, par une vérification attentive, faite pendant toute une journée du mois de juin, que Paris avait reçu, dans l'espace de vingt-quatre heures, 173.000 litres de lait, équivalent, pour l'année, à . . . . . 63.145.000 litres,

auxquels, ajoutant, pour le produit de 2.000 vaches habitant les vacheries.	8.395.000 »
soit un total, par an, de	71.640.000 litres.

En 1844 (2), la zone d'approvisionnement s'étend jusqu'à Beaugency, Joigny, Vitry-la-Ville, Breteuil, Vernon et Chartres, embrassant ainsi une distance de 47 lieues de Paris, à l'est, et de 20, à l'ouest.

Les quantités transportées uniquement par les chemins de fer :

Chemin de fer du	Nord	23.867.151 litres
	Rouen	14.645.600 »
»	Orléans et Tours .	12.028.301 »
»	Lyon.	5.707.248 »
»	Ouest.	2.044.155 »
»	Est	231.234 »
forment le total de.		59.143.680 litres
Si on y ajoute		41.745.097 »

(1) Arm. Husson : *Les Consommations de Paris*, p. 257. Paris, 1856.

(2) Arm. Husson, pass. p. 277.

moyenne prise sur les introductions de deux journées, de mars et août 1855, faites par voie de terre par les nourrisseurs et petits fermiers de la Seine et de Seine-et-Oise, ainsi que le lait de 2.302 vaches, moyenne calculée de 8 ans pour les vaches nourries à l'intérieur, soit à raison de 10 litres par jour, chacune. . . . . 8.402.300 »

on obtient le total de. . . . . . 109.291.086 litres
par an, au lieu de 71.640.000
en 1843.

L'*Annuaire du Bureau des Longitudes* constate que la consommation dépasse, en 1857, 250.000 litres par jour.

Puis, M. Adrian, dans une thèse curieuse (1859), relate le tableau suivant :

QUANTITÉ APPORTÉE PAR CHAQUE CHEMIN DE FER EN 1858.

	STATION EXTRÊME	DISTANCES	LITRES PAR JOUR
Nord.	Ailly.	128	98 mille.
Rouen.	St-Pierre-Louviers.	107	76 »
Orléans.	Beaugeney.	147	38 »
Lyon.	Joigny.	146	20 »
Rennes.	Chartres.	88	16 »
Strasbourg	Flamboin.	94	4 »
	TOTAL.		252 mille.

A cette époque, et selon le même auteur, les nourrisseurs fournissaient environ 15 0|0 de la quantité consommée.

L'annexion des communes voisines de Paris vint encore augmenter cette quantité, et le *Dictionnaire Encyclopédique des Sciences médicales* l'évalue à 500 mille litres environ (1868). Ce chiffre nous paraît beaucoup exagéré; néanmoins, nous avons tenu à le rapporter à cause de l'autorité de l'ouvrage d'où nous l'extrayons.

En 1878, M. C. Husson (1), la fixe de 183 à 185 millions de litres par an, non compris l'énorme quantité d'eau dont le lait est adultéré.

Enfin, M. Pouriau, dans son ouvrage sur la *Laiterie* (2), garantit, comme exact, les chiffres de 250 à 300 mille litres par jour, dont 230 à 250 mille par les laiteries en gros. Certes, cette quantité est bien faible, et nous n'hésitons pas à la considérer comme insuffisante et à regarder comme plus exacte celle de M. C. Husson.

Quoi qu'il en soit, nous avons la certitude d'un accroissement sensible dans la consommation du lait. Mais les deux tableaux suivants, empruntés au *Nouveau Rapport sur les Vacheries de Paris*, de M. Arm. Goubeaux, au Conseil d'hygiène de la Seine, nous montrent mieux cet accroissement beaucoup plus rapide, en ces dix dernières années, que jamais il ne l'avait été, accroissement qui suit une progression dont le chiffre est de plus en plus fort et indique une tendance très accentuée dans le développement de ce genre d'établissements, en particulier, comme dans celui de tous les débits de lait en général :

(1) C. Husson : *Le Lait, la Crème* et *le Beurre*. Paris, 1878.
(2) Pouriau : *La Laiterie*, 3e édit. Paris, 1882.

TABLEAU A.

Etat des vacheries existant à Paris au 31 décembre des années suivantes :

1878	(On ignore le nombre exact).
1879	305
1880	332
1881	345
1882	362
1883	389
1884	401
1885	430
1886	449
1887	476

TABLEAU B.

Etat nominatif des nourrisseurs et des particuliers domiciliés dans Paris, avec indication du nombre des vaches laitières existant dans leurs étables au mois de mai 1887.

DIVISIONS	Nombre de nourrisseurs	Nombre de vaches
Est.	119	1.643
Nord.	81	1.313
Ouest.	80	1.193
Sud.	177	2.142
Intérieur.	33	562
TOTAL.	490	6.850

OBSERVATIONS :

36 propriétaires ont 1 vache ;
18 » 2 vaches ;
20 » 3, 4 ou 5 vaches ;
309 « de 6 à 19 vaches ;
107 » plus de 20 vaches.

Le nombre des vaches étant de 6.850 au mois de mai, était d'environ 6.900 au 31 décembre 1887. En donnant, comme moyenne de production par vache, 10 litres, quantité véritable, on voit qu'à cette date les vacheries de l'intérieur de Paris produisaient environ 69 mille litres de lait par jour. Le nombre des vacheries de la banlieue était d'environ 2.500. Le nombre des vaches, moyen, est environ moitié de celui des vacheries *intra-muros*. En sorte qu'on peut évaluer leur production à 150 mille litres par jour, dont la moitié, environ, sert à l'approvisionnement de Paris. En décembre 1887, ces établissements fournissaient donc, à la consommation, 145 mille litres environ par jour. A cette même date, les gares amenaient environ 300 mille litres; et l'on peut évaluer la consommation totale à 450 mille litres environ par jour.

Depuis, la quantité consommée a continué, dans les mêmes proportions, à élever son chiffre journalier. En dix ans, le nombre des vacheries de Paris et de la banlieue a plus que doublé. Celui des crémeries a progressé de même. Et l'on ne s'aperçoit pas encore, à l'heure actuelle, d'un arrêt dans cette marche ascensionnelle.

On doit donc s'inquiéter d'une branche aussi importante de l'alimentation parisienne. Le chiffre considérable qui la mesure le demanderait, sans les dangers que les récentes découvertes de la science ont montrés comme inhérents à la nature et à la production du lait.

C'est assez dire combien est important le sujet que nous allons traiter.

CHAPITRE II

HISTORIQUE DE LA QUESTION LAITIÈRE, SON IMPORTANCE.

Les admirables propriétés du lait expliquent bien la faveur qui lui est marquée dans la consommation. Aussi, n'est-il pas surprenant que le public, justement parce qu'il aime beaucoup ce liquide et sait l'apprécier, se soucie de tout ce qui touche de près ou de loin à sa production et aux soins qui lui sont réservés par les marchands. Et c'est de ce souci constant que naît chez ceux qui, depuis près d'un siècle ont été et sont chargés de l'hygiène publique, un souci semblable qui se traduit par une préoccupation continuelle des conditions de production et de conservation du lait. Donc, rien d'étonnant à ce que l'historique de la question laitière remonte très avant dans le passé. De tout temps les mères de famille, poussées par leur profond amour, voudront assurer à leur progéniture les conditions les plus sérieuses de bonne santé et de meilleure alimentation, et toujours elles manifesteront leur inquiétude sur ce point.

Cela nous permettrait de dire que, bien que jamais le nom de question laitière n'ait été prononcé, cette question est pourtant si vieille qu'on peut dire qu'elle a toujours existé à Paris, avec des manifestations diverses, il est vrai, mais incontestables.

Chose curieuse, la presse qui se passionne généralement pour tout ce qui de près ou de loin touche aux grands intérêts de Paris, aux conditions vitales du développement physique de ses habitants, la presse qui ne laisse jamais se résoudre ou seulement s'agiter une question d'hygiène publique, sans y prendre part, s'est toujours désintéressée de la question laitière. De loin en loin, quelques entrefilets plus ou moins insignifiants et c'est tout. Le *Petit Journal* seul s'y est un peu intéressé en relatant avec impartialité les phases successives de la lutte titanesque des laitiers-nourrisseurs contre le laboratoire municipal. Qui ne s'en souvient, de cette guerre qu'un traité de paix n'est pas encore venu terminer, et qui pour la défense d'une cause éminemment sérieuse eut des phases d'un irrésistible comique ? Et c'est peut-être ce qui explique la trace qu'elle a laissée.

Mais parcourons le recueil des ordonnances de la Préfecture de police. Des arrêtés concernant tantôt les vacheries, tantôt le lait lui-même, dans les falsifications multiples qu'on lui fait subir, montreront mieux l'intérêt dont le public a toujours entouré le lait.

L'historique de la consommation du lait à Paris nous a montré qu'avant 1830, les vacheries de Paris et la banlieue suffisaient à l'alimentation. Jusque-là, les préoccupations se sont portées uniquement sur ces établissements. Les vacheries sont avec raison comprises au nombre des établissements classés, à cause de l'odeur qui s'en dégage, de l'écoulement des urines et des fumiers dont il faut surveiller l'enlèvement.

La première ordonnance est celle du 23 prairial an X. Elle constate que « la plupart des vacheries se trouvent dans les quartiers les plus éloignés et les moins aérés, dans des rues étroites et dont les maisons sont fort élevées. » On y retrouve déjà sous la plume du conseiller d'Etat, préfet de police, Dubois, le souhait, toujours formulé depuis, de voir ces établissements relégués dans les faubourgs de Paris, à cause des inconvénients qu'ils entraînent.

Alors, sévissaient déjà des épidémies sur les vaches laitières de Paris et des environs et nous trouvons dans les *Instructions et observations sur les maladies des animaux domestiques, etc.*, des C. C. Chabert, Flandrin et Huzard, publiées l'an XII à Paris, de curieux renseignements.

J.-B. Huzard, ancien inspecteur des écoles vétérinaires de France et membre du conseil d'hygiène publique et de salubrité du département de la Seine y peint ainsi les vacheries de Paris :

« Les étables, ou plutôt les lieux auxquels on donne ce nom et qui presque jamais n'ont été originairement destinés aux animaux qu'ils renferment, sont généralement mal construites, mal placées, mal tenues, basses, remplies d'ordures, n'ayant le plus souvent d'autre issue que celle de la porte, par conséquent mal aérées, et toujours hermétiquement fermées ; il y fait une chaleur insupportable, même en hiver : la gêne qu'y éprouve la respiration des animaux est quelquefois annoncée par le soufflement répété, le haletage et le battement des flancs, et il est impossible aux personnes qui n'y sont pas habituées de pouvoir y rester d'abord plus de quelques minutes.

« La plupart de ces étables ne sont que salpêtrées, l'urine et les excréments y pénètrent facilement, et y développent promptement l'odeur piquante d'ammoniaque *alcali volatil urineux* ; souvent elles sont traversées par des ruisseaux de cours supérieures ou latérales, et plus souvent encore on y amoncèle et on y laisse séjourner les fumiers pendant plus ou moins longtemps. Le C.

Novion, botaniste, qui s'est occupé de cette maladie (1), et dont j'aurai l'occasion de parler plus loin, a vu des étables tellement infectées par le long séjour des fumiers, qu'en les vidant à fond, on a reconnu que le *plomb* y existait.

« Il n'est pas rare de voir réunis dans la même maison des blanchisseuses, des amidonniers, des nourrisseurs, etc.

« Quelques-unes de ces étables sont si basses qu'on ne peut s'y tenir debout; les vaches y sont très serrées, et ne peuvent se coucher que l'une près de l'autre; elles n'ont quelquefois qu'un demi-mètre (environ un pied et demi) et rarement plus d'espace, et sont le plus souvent sans litière; enfin, on y loge quelquefois des porcs, des volailles et des lapins (2). »

Un décret du 15 octobre 1810 mit les vacheries dans la deuxième classe des établissements classés. Un autre du 14 janvier 1815 prescrit, on ne sait trop pourquoi, que le décret précédent n'est applicable qu'aux villes de 5.000 habitants et plus.

(1) J.-B. Huzard traite *De la péripneumonie chronique ou phtisie pulmonnaire* qui affecte les vaches laitières de Paris et des environs.

(2) « Je transcris ici l'extrait de mes rapports à l'agence des subsistances de Paris, du 19 thermidor an II :

« Il suffit de voir l'établissement de Périer, nourrisseur, rue de Glatigny, en la cité, pour être persuadé que la manière dont il est tenu doit être une des principales causes de cette maladie. La malpropreté la plus dégoûtante règne dans un très petit local, placé dans un quartier très ressorré, et dans une rue très étroite qui sert d'égoût à toutes les autres. Les vaches sont amoncelées avec des cochons et des volailles, dans des petites salles basses où l'on ne peut se tenir debout; le fumier remplit presque entièrement la cour, où une vache peut à peine se tourner; il ferme la

La description d'une vacherie en l'an XII nous montre combien on avait raison de se soucier du lait qu'on pouvait y trouver, comme aussi des dangers qu'apportaient ces établissements à la santé publique.

« Les exhalaisons qui sortent du corps des animaux, ... celles qui s'exhalent des substances en putréfaction, ne peuvent être que nuisibles ; cette vérité est établie par l'expérience de toutes les nations et de tous les siècles, et elle est confirmée par l'opinion générale des médecins. Il est naturel d'en conclure que les lieux où l'on garde les fumiers doivent être malsains, et que l'influence de ces exhalaisons corrompt l'air et se répand à quelque distance dans le voisinage, » disait un rapport fait à l'Académie des Sciences, le 23 mai 1788, par MM. Daubenton, Tillet, Bailly, Lavoisier, Laplace, Coulomb, Darcet (1).

Aussi, agissant sous le coup de cette idée, qui avait déjà guidé l'auteur de l'ordonnance de l'an X, l'ordonnance du 25 juillet 1822,

« Considérant que les vacheries formées dans l'intérieur de Paris présentent des inconvénients qui ont déterminé nos prédécesseurs à en diminuer successivement le nombre, que la santé des vaches et la bonté du lait dé-

seule fenêtre de ces espèces d'étables et vient jusqu'à la moitié de la porte. La laiterie n'est pas plus propre, et il faut que la passion du café ou le besoin du lait soit bien impérieux chez les parisiens, pour leur faire surmonter de pareils dégoûts.

« Aux heures de traire les vaches, on attend son tour dans ce cloaque, pour avoir du lait. » Cette note est du citoyen Jean-Baptiste Huzard.

(1) *Rapport des mémoires et projets pour éloigner les tueries de l'intérieur de Paris.* Voir *Histoire de l'Académie royale des Sciences.* Année 1787.

pendent en partie de la disposition bien ou mal entendue du local où elles sont placées, »

Édicte ce qui suit :

« Art. 1er. — Aucune vacherie ne pourra être établie à l'avenir dans Paris, que dans les faubourgs situés au-delà des boulevards extérieurs.

Art. 2. — Les emplacements destinés à l'exploitation des vacheries devront être situés dans des rues larges et bien pavées, et contenir une cour et un puits. »

Depuis, cette jurisprudence a toujours prévalu à la préfecture de police. Non qu'on ait veillé à une rigoureuse application de cette ordonnance, la suivante prouve le contraire ; mais l'esprit est toujours resté le même et c'est encore celui des administrateurs d'aujourd'hui.

L'ordonnance suivante du 27 février 1838, signée de M. G. Delessert, préfet de police, est, en effet, ainsi conçue :

« Art. 1er. — Aucune vacherie ne pourra être établie à l'avenir, dans Paris, si ce n'est dans les localités situées entre les murs d'enceinte et les lignes suivantes :

Côté gauche de la Seine :

L'esplanade et le boulevard des Invalides ; le boulevard Montparnasse ; la rue de la Bourbe ; la rue et le champ des Capucins ; les rues des Bourguignons ; de Lourcine (de la rue des Bourguignons à la rue Mouffetard) ; Censier et de Buffon ;

Côté droit de la Seine :

L'allée des Veuves ; les rues d'Angoulême ; de la Pépinière ; Saint-Lazare ; Coquenard ; Montholon ; du faubourg Poissonnière jusqu'à la rue de Chabrol ; de Chabrol ; des

Récollets ; du canal Saint-Martin, à partir de la rue des Récollets jusqu'à la Seine. »

Entre ces deux ordonnances, le conseil de salubrité s'était, en 1829, occupé des conditions que devaient remplir les vacheries pour satisfaire aux exigences de l'hygiène.

Depuis ces conditions ont été le but de nombreux rapports au même conseil.

Ces rapports visent : 1° la hauteur des vacheries : 2° leur largeur selon qu'elles sont à un rang ou à deux rangs ; 3° la place réservée à chaque vache.

Citons le *Rapport général* sur les travaux du conseil *depuis* 1866 *jusqu'à* 1871 *inclusivement*. Celui des années 1872 à 1877. Enfin, celui des années 1878 jusqu'à 1880 inclusivement.

Dans l'ordonnance de 1822, la place réservée à chaque vache était de 1m,125. Le rapport de 1829 la porte à 2 mètres. Depuis, les deux rapports suivants la portant à 1m,70 et le dernier à 1m,60, cette place n'a fait que décroître. Pourtant le syndicat des laitiers nourrisseurs demande qu'elle soit réduite à 1m,30.

A partir de 1830, les laiteries en gros nouvellement créées se trouvaient à une distance suffisamment courte de Paris pour pouvoir livrer du lait naturel, tel qu'elles le récoltaient. Petit à petit, le rayon s'est élargi ; et maintenant, il nous vient du lait jusque des Vosges. Nous verrons plus loin que d'une pareille distance, le lait ne peut nous parvenir s'il n'a subi une préparation quelconque le rendant apte à supporter le transport qui est une cause de désorganisation très grande en ce sens qu'il aide au développement des microbes, — lesquels justement font que le lait se caille.

Parmi ces procédés, nous citerons seulement maintenant, la classe des matières étrangères au lait, connues sous le nom de *conservateurs*. Ces matières ont pour effet de retarder la fermentation lactique en exerçant sur l'un quelconque des éléments du lait une action neutralisante. On comprend aisément qu'à ce prix, le lait conservé aurait beaucoup de chance s'il ne devenait pas nuisible du même coup.

Il le devient en effet. Si bien qu'en présence des mauvais résultats obtenus, on a dû faire tomber sous les coups de la loi du 27 mars 1851, tendant à la répression plus efficace de certaines fraudes dans la vente des marchandises, plusieurs des procédés dans lesquels l'emploi d'un *conservateur* était la base de cette conservation, en raison justement des effets nocifs de cette substance conservatrice.

Deux ont fait l'objet d'arrêtés du préfet de police. L'arrêté du 23 février 1881 concerne l'acide salicylique et les instructions du ministre du commerce du 25 mai 1886, prises conformément à l'avis du Comité consultatif d'hygiène de France, visent le bicarbonate de soude.

Nous ne nous arrêtons pas ici sur les effets de ces substances, nous les verrons dans l'étude du lait.

En même temps que le ministre du Commerce et de l'Industrie prenait cette dernière décision, le conseil d'Hygiène publique et de salubrité du département de la Seine nommait une commission composée de MM. Alexandre, Léon Colin, Michel Lévy et Goubeaux et la chargeait d'étudier à nouveau les conditions que l'on doit exiger des vacheries avant de leur accorder l'autorisation requise.

M. Armand Goubeaux, rapporteur, fit deux rapports sur ce sujet, en 1886 et 1888; et nous leur devons une mention toute particulière à cause de leur excellence. Ils ont facilité notre tâche sur ce point et nous ne doutons pas qu'ils soient pour l'avenir des documents très précieux.

Qu'est-il résulté de tous ces arrêtés ? Une légère amélioration des laits livrés à la consommation. Mais cette amélioration est due uniquement à la création du Laboratoire municipal et au grand dévouement des vétérinaires sanitaires de la Seine qui font tout leur possible pour vulgariser chez les nourrisseurs les prescriptions utiles de l'hygiène.

La création, en octobre 1878, du Laboratoire municipal ne fut du reste que la réalisation, par un moyen pratique, des conclusions prises dans un *Rapport général sur les diverses questions relatives au commerce du lait* (1), présenté le 30 avril 1857. Ce Rapport rédigé par une commission du conseil d'Hygiène composée de MM. Payen, *Président*, Baube, Bouchardat, Bussy, Chevallier, Mathieu, Trébuchet, Vernois et Boudet, *rapporteur*, mérite une attention toute particulière. A cette époque, les travaux de MM. Chevallier et Henry, Haidden, Lecanu, Simon, Doyère, Poggiale, Lyon, Boussingault et Lebel, Quévenne, Playfair, Schubler, Vernois et Becquerel, et Filhol et Jolly, ouvrages publiés en France, en Angleterre et en Allemagne permettaient au Conseil de se prononcer sur toutes ces questions que la science connaissait ainsi d'une manière très suffisante pour juger du lait au point de vue commercial et des conditions à exiger de cet aliment pour satisfaire aux conditions requises par l'hygiène. On possédait une telle quantité d'analyses du lait que leur moyenne donnait des chiffres d'autant plus satisfaisants pour servir de critérium général que dans les laiteries en gros, tout le

(1) Voir *Documents sur les falsifications des matières alimentaires*. Préfecture de Police, 2° rapport, nouveau tirage.

lait est mélangé, de façon que ce mélange unique, quelles que soient les conditions particulières dans lesquelles chaque lait a été obtenu, ne peut avoir qu'une composition moyenne quand il porte sur des quantités de liquide se cubant par milliers de litres. Aussi, comme disait le Rapport, ce lait doit « se trouver à l'abri des circonstances fort rares et, en quelque sorte, exceptionnelles qui peuvent faire que la composition du lait d'une vache isolée se rapproche beaucoup des limites minima que l'expérience a dû faire admettre. »

Nous devons, du reste, citer en entier les conclusions du rapport du 30 avril ; car, plus loin, nous aurons à y revenir :

Conclusions

« En résumé, Monsieur le Préfet, la Commission est d'avis : 1° Que la science est suffisamment fixée sur la composition du lait pur et sur les variations que cette composition peut éprouver suivant les provenances du lait, suivant les saisons et les diverses causes naturelles qui peuvent la modifier, pour éclairer l'Administration sur les mesures à prendre.

2° « Que la science possède des moyens certains de constater les fraudes dont le lait peut être l'objet, mais qu'il est inutile de publier une instruction générale et officielle sur les essais du lait, et que cette publication aurait même des inconvénients réels.

« 3° Qu'elle ne connait aucun instrument capable d'indiquer à lui seul et directement si du lait est pur ou s'il a été plus ou moins falsifié ; que le lacto-densimètre est un instrument utile pour la vérification du lait, qu'il peut démontrer certaines fraudes, mais qu'il est loin de pouvoir signaler toutes les fraudes, et qu'il n'est pas susceptible d'une application générale.

4° « Que les marchands de lait peuvent soumettre le lait qui leur est livré par les producteurs à un contrôle suffisant pour se mettre à l'abri de poursuites imméritées, et que, d'ailleurs, la marque d'origine leur offrirait un moyen de faire remonter la responsabilité des fraudes à leurs véritables auteurs.

5° « Que le lait écrémé et dépouillé ainsi d'une partie du beurre qu'il contient naturellement, doit continuer à être regardé comme du lait falsifié et, comme tel, exclu du commerce loyal.

6° « Que la marche adoptée par l'Administration pour la répression des fraudes dont le lait est l'objet, est la plus simple et la plus rationnelle que l'on puisse suivre aujourd'hui.

« Enfin la Commission croit devoir déclarer qu'elle considère comme un devoir pour les experts chargés de reconnaître les falsifications du lait, de ne prendre aucune conclusion, quand il s'agit d'appeler sur les prévenus les sévérités de la loi, sans avoir soumis chaque échantillon à une analyse complète et sans avoir discuté tous les résultats de cette analyse.

« Lu et approuvé dans la séance du 15 mai 1857.

« *Le secrétaire du Conseil d'Hygiène,*

TRÉBUCHET. »

A la suite de ce rapport, la commission en rédigea un second, daté du 21 août 1857, pour répondre aux observations dont il avait été l'objet de la part de M. le ministre du Commerce.

Elle détermina les bases d'appréciation de la qualité du lait d'après la moyenne des auteurs et des analyses nouvelles faites par MM. Bussy et Boutet sur du lait pris dans les vacheries de Paris et de la banlieue, ainsi que dans des fermes des environs de Mantes. Ces bases sont les suivantes :

« Le lait de vache se compose en moyenne et en nombres ronds de :

Eau	Matières fixes en totalité	Caséine Extractifs et sels	Beurre	Lactine
87.»»	13.00	4.00	4.00	5.00

Et la limite minima peut-être fixée à :

Eau	Matières fixes en totalité	Caséine Extractifs et sels	Beurre	Lactine
88 50	11.50	»	2.70 à 3.00	4.58

La commission se préoccupa aussi des précautions à prendre par les agents chargés de prélever les échantillons du lait, « pour que ces échantillons représentent exactement la composition moyenne du lait contenu dans les vases où ils sont puisés. »

Ces deux rapports ont servi de bases à la circulaire de M. le Préfet de Police sur le prélèvement des échantillons de lait, — circulaire très complète et encore en vigueur.

Avant l'institution du Laboratoire municipal, des experts attachés à la Préfecture avaient à juger des fraudes commises sur le lait. Depuis, les choses se passent plus sérieusement parce qu'il existe un contrôle et une méthode qui faisaient défaut auparavant.

Quant aux bases actuelles d'appréciation, le Laboratoire a adopté définitivement la moyenne suivante précédemment admise par le Conseil d'Hygiène de la Seine : (1).

			en poids
Matières sèches (extrait) . .	13.00	Caséine et albumine .	3.40 0/0
Eau	87.00	Beurre	4.00
	———	Sucre de lait . . .	5.00
	100.00	Cendres	0.60

Le même Conseil a fixé comme limite minima, les chiffres suivants :

			en poids
Matières sèches (extrait) . .	11.5	Beurre	2.7 à 3.0 0/0
Eau	88.5	Sucres de lait . .	4.5
	——	Caséine, albumine et Cendres. . .	4.3 à 4.0 0/0
	100.0		

Nous devons constater que depuis le fonctionnement de ces services, les fraudes ont été moins fréquentes.

Aussi, aurait-on pu considérer l'amélioration définitive de l'alimentation laitière de Paris, comme une simple question de temps si les maladies contagieuses n'étaient venues apporter de nouvelles inquiétudes par les dangers très sérieux qu'elles causent à la santé publique.

La question des épizooties est, en effet, d'autant plus intimement liée à la question laitière que, dans Paris où l'on peut le mieux se rendre compte des choses, ces maladies causent de grands ravages. Il en doit être certainement de même à la campagne et d'une manière plus grave, en ce sens que les animaux échappant à tout contrôle, on ne peut surveiller l'étendue du mal. Du reste c'est uniquement aux

(1) Voir, *Documents sur les Falsifications des matières alimentaires*, p. 350.

animaux contaminés introduits que Paris doit les désastreuses épidémies de fièvre aphteuse et de péripneumonie qui dévastent ses étables.

Quoi qu'il en soit, le danger est aussi grand hors Paris que dans Paris, et malgré tous les efforts tentés, on n'est parvenu à aucun résultat palpable : les ravages sont aussi considérables que lors de la publication de la loi du 21 juillet 1881, sur les épizooties.

Nous verrons plus loin tout ce qui a été fait ; qu'il nous suffise de rappeler cette question est aussi vieille que la question laitière.

En résumé, comme résultats tangibles, nous trouvons une légère amélioration dans la qualité du lait et une diminution légère du nombre des décès par athrepsie.

C'est peu, et après un siècle d'efforts, on est en droit d'exiger davantage. D'autant que ce léger bienfait est le fruit de récentes découvertes.

« Si la science n'était venue jeter le cri d'alarme, il est probable qu'on ne se soucierait guère à l'heure qu'il est de la question laitière. Seulement, par bonheur, la science est curieuse par essence. Dans sa louable inquiétude de la santé publique, elle s'est émue des plaintes qui parvenaient chaque jour à ses oreilles ; elle s'est mise à chercher, et enfin, plus heureuse en cela que beaucoup, elle a trouvé (1).

« Elle a trouvé le mal ; puis, abandonnant à d'autres moins pressés le souci du remède, elle a continué son chemin, cherchant d'autres maux à découvrir et à signaler à l'attention des guérisseurs.

« L'ensemble des trois événements suivants, tous d'une haute portée, fait sortir la question de la pénombre pour la

(1) L'Exposition nationale de Laiterie, « *Génie moderne* » n° du 23 février 1889, art. de Claudius Nourry.

mettre en pleine lumière, en montrant à tous ceux qui ont souci de la santé publique les dangers sérieux que présente le lait.

« En suivant l'ordre chronologique, vient le « Congrès de la tuberculose, » dont les résultats, au point de vue philanthropique et médical ont été si heureux. Parmi les vœux votés à l'unanimité après six journées d'un travail laborieux, nous trouvons le suivant :

... « III. — Il y a lieu de rédiger des instructions simples qu'on répandrait à profusion dans les villes et dans les campagnes, et dans lesquelles on indiquerait les moyens à employer pour se mettre à l'abri des dangers d'infection tuberculeuse par l'alimentation, et *particulièrement par le lait...* »

« Puis c'est le décret et arrêté du 28 juillet 1888, concernant l'admission de nouvelles maladies dans la loi du 21 juillet 1881, sur la police sanitaire des maladies contagieuses des animaux domestiques. L'article 13 est ainsi conçu :

« Art. 13. — La vente et l'usage du lait provenant de vaches tuberculeuses sont interdits.

« Enfin le dernier et le plus important, la publication du rapport que M. le Dr Auguste Ollivier, membre du Conseil d'hygiène, a adressé à M. le préfet de police sur une épidémie de choléra infantile ayant sévi à Paris pendant l'été de 1887. Dans la statistique faite par le Dr Ollivier, on constate que, sur 80 décès dus au choléra infantile, 50 enfants ne prenaient que le biberon.

« Cette mortalité considérable se retrouve dans les annales de la médecine. Depuis Beaugrand, dans sa statistique de 1801, en passant par l'abbé Gaillard, aumônier de l'hôpital général de Tours, qui, en 1838, constatait une mortalité de 80 0/0 sur les enfants trouvés, pour finir à Brochard, qui a dénoncé avec tant d'énergie les dangers de l'industrie nourricière, on a longtemps attribué au biberon lui-même ces résultats dévastateurs. Il n'y a que depuis quelques années que les leçons de Fonssagrives à Montpellier, celles de Tarnier, de Parrot à Paris, ont montré que, si le biberon était loin d'être un appareil parfait d'allaitement artificiel, il n'était du moins pas aussi coupable qu'on le croyait, et que la plupart des fautes qu'il était censé commettre incombaient en réalité et uniquement au lait employé à la nourriture des enfants.

« Le lait, ainsi qu'il ressort de cette énumération, présente donc un double danger : d'abord, par les moyens de conservation, puisqu'on les interdit ; en second lieu, comme véhicule de bacilles tuberculeux et quelquefois thyphoïdiques.

« D'autre part, le lait de vache est le seul qu'on puisse généralement employer. Le quatrième « Congrès international d'hygiène, » réuni à Genève en 1882, a formulé après une discussion approfondie la conclusion suivante qui figure en tête des conclusions :

« 1° Le lait de vache frais est le seul succédané du lait maternel qui puisse être d'un emploi général dans l'allaitement artificiel.

« On voit donc bien que la seule solution consiste à faire disparaître les dangers présentés par le lait de vache, puisqu'on ne peut se passer de cet aliment indispensable. »

Ces dernières lignes montrent, mieux que toutes les considérations, l'importance de la question laitière que les dernières discussions de l'Académie de Médecine sur les conclusions du Congrès de la Tuberculose ont encore mieux mise en lumière en attirant de nouveau l'attention publique sur les dangers inhérents à la nature du lait et à son origine.

CHAPITRE III

DE LA MÉTHODE A SUIVRE DANS L'ÉTUDE DE LA QUESTION LAITIÈRE

Si l'on jette un regard sur les courbes figuratives de l'*Accroissement simultané de la population et de la consommation du lait*, on voit que la ligne de la population est, dans ces dernières années, presque horizontale, alors que celle de la consommation est inclinée à presque 45°. Nous avions donc raison de dire que plus grand était cet accroissement, plus le danger devenait périlleux.

Aussi, nous allons entrer dans le vif de la question.

Au point de vue économique, on peut classer les établissements où s'exerce l'industrie laitière en deux catégories :

1° Les établissements qui vendent directement au public les produits qu'ils récoltent et sont, par conséquent, producteurs à la fois et marchands.

Et 2° les établissements qui vendent des produits qu'ils ne récoltent pas, mais qu'ils achètent en grandes quantités aux producteurs, pour les revendre ensuite aux marchands ; et, dès lors, ne sont que des intermédiaires : ce sont toutes les laiteries en gros.

Mais cette classification ne permet pas d'étudier la question ; car, au point de vue des qualités hygiéniques du lait, elle ne dit absolument rien.

Nous allons donc partager les établissements laitiers en deux parties :

1° Ceux qui récoltent le lait dans son centre de consommation, ou du moins à une distance relativement courte de ce centre, de façon qu'ils peuvent vendre leur lait sans lui faire subir aucune manipulation ;

Et 2° ceux qui sont trop éloignés de ce centre pour pouvoir livrer leur lait à la consommation sans y ajouter une substance qui l'empêche de tourner.

Dans la première de ces divisions rentrent les vacheries de Paris, de la banlieue, et quelques rares fermes, distantes de moins de trois lieues de l'enceinte fortifiée.

Dans la seconde restent tous les établissements hors de ce périmètre.

Cette distance n'est pas arbitraire. Elle est donnée par l'expérience. Le lait, en effet, qu'on amène en voiture, de cette distance de trois lieues, tourne les jours de grande chaleur et d'orage. C'est ainsi que la Société concessionnaire d'une exploitation agricole du nord du département de Seine et-Oise, située à 11 kilomètres seulement de Paris, se voit, ces jours-là, dans l'impossibilité absolue de servir ses clients : le lait est tourné dans les bouteilles lorsqu'il arrive à Paris. Il est encore une expérience qui démontre aisément combien le transport est défavorable au lait; et elle a cela de bon, qu'elle est facile à faire.

Qu'on prenne une bouteille de lait frais trait; qu'on la mette dans une voiture, le matin, alors que la chaleur n'est pas grande, exposée aux rayons du soleil; qu'ainsi on fasse, dans Paris, une tournée de trois heures environ, on voit, au retour, en suspension dans le liquide, mais formant à la surface, un collier adhérent à la paroi, de petits grumeaux de caséum, de la grosseur de deux à trois têtes d'épingle. Tant il est vrai que tout transport est nuisible au lait, et que le lait est bien un aliment de consommation sur place.

Cette classification nous permettra d'examiner entièrement quels sont les avantages et les inconvénients des deux catégories de lait consommées à Paris. Ensuite, il sera facile de voir si les préjugés qui règnent en vrais maîtres dans l'opinion publique au sujet du lait ont quelque raison d'être, si l'alimentation laitière est autant, ou même plus mauvaise qu'on le prétend; et. enfin, nous verrons quelle est la solution qu'imposent la logique, le bon sens, et aussi l'intérêt général qui, tous trois, là comme partout ailleurs, ne sauraient être en désaccord.

En outre, les laiteries en gros étant le grand canal qui alimente la capitale, nous commencerons par elles.

On peut bien dire qu'elles sont — à cause de la place prépondérante qu'elles tiennent dans la consommation, et surtout de leur prix de vente, — qui est le plus bas — la mamelle du pauvre, de l'humble travailleur, dont les enfants, toujours nombreux, n'ont d'autre subsistance. — eux, dépourvus de tant de soins et d'attentions profitables — pour grandir et devenir, par la suite, assez robustes et assez vigoureux pour combattre victorieusement dans leur lutte pénible pour l'existence.

Et, à ce titre, puisqu'il s'agit, ici, de montrer et de défendre le bien général, elles doivent occuper la première, la plus grande place, et retenir d'autant mieux l'attention. Nous aurons donc deux grandes catégories : 1° les laiteries situées hors du périmètre déterminé plus haut, comprenant les laiteries en gros et les fermes qui vendent directement leur lait au consommateur et méritent une place à part, en ce sens que leur lait est expédié deux fois par jour, tandis que celui des laiteries en gros ne l'est qu'une fois;

2° Les vacheries et les fermes de la première catégorie de notre classification.

Cette marche que nous allons suivre est la seule que l'on puisse admettre si l'on veut se rendre un compte exact de la question et la plus logique comme nous le verrons dans le détail même de l'étude. Aussi bien, c'est la seule qui conduise à un résultat, et c'est pourquoi nous y *insistons* un peu.

CHAPITRE IV

LES LAITERIES EN GROS

On se tromperait étrangement si l'on s'imaginait une laiterie en gros comme étant une ferme immense aux nombreux troupeaux de laitières paissant dans de vastes et riches pâturages.

Il n'en est pas une, en effet, où l'on récolte du lait. Ce sont plutôt de véritables usines avec leurs grands réfrigérants, leurs machines à chauffer le lait et les mille instruments réclamés par l'industrie laitière dans toute maison soucieuse de ses intérêts.

Sous ce rapport, une laiterie en gros est intéressante à visiter, d'autant plus que l'industrie laitière est presque ignorée en général.

Ces établissements nous vendent le lait de toute une contrée. Chaque laiterie en gros a un ou plusieurs *centres de réception* où les employés de la laiterie apportent le lait qu'ils ont *ramassé* dans leur *tournée*, et c'est là que ce lait est rendu apte à subir, sans trop d'encombre, le transport en chemin de fer.

Il y a deux tournées par jour : une le matin et l'autre le soir. Dans chaque tournée, la voiture de la laiterie recueille le lait de la dernière traite, chez tous les fermiers et cultivateurs compris dans un rayon déterminé. Les voitures sont à claire-voie, afin de faciliter la circulation de l'air entre les pots et d'éviter que le lait se maintienne à une température élevée qui favoriserait sa désorganisation.

Puis, une fois à la laiterie du centre de réception, on le traite selon le temps qu'il doit y demeurer, car on ne fait qu'une expédition par jour : le soir, afin que le lait soit à Paris pour le lendemain matin.

Or, le lait, mélange véritablement merveilleux à cause des éléments si riches qui le composent et en font l'aliment par excellence, n'est, malgré tout, qu'un mélange. Comme tel, et en vertu des lois de l'hydrostatique, il doit naturellement subir une séparation de ses éléments plus ou moins denses, causée par la loi de la pesanteur.

Il arrive, en effet, qu'abandonné à lui-même, ces éléments se séparent et se placent en couches superposées de plus ou moins d'épaisseur suivant leur densité.

Il y a donc là une condition d'altération contre laquelle il est impossible de lutter et qui prouve ce que nous avons dit déjà : que le lait est, avant tout, un objet de consommation immédiate. D'autre part, ses éléments utiles sont à l'état instable et présentent cette particularité, qu'en se décomposant ils exercent, les uns sur les autres, des actions chimiques réciproques. Aussi, le lait abandonné à lui-même, à la température de 15 à 20 degrés, devient fortement acide, puis coagule. Cette coagulation est produite par l'acide lactique, fruit de la *transformation* du sucre de lait sous l'action du vibrion lactique qui précipite la caséine en suspension.

On sait que les *microbes du lait constituent*, au sein du liquide, des ferments qui l'altèrent plus que tout autre chose. Non seulement leur action est la plus énergique de toutes, mais elle est encore la plus certaine, la plus infaillible. Et, si la présure, en petite quantité, finit par se neutraliser, la *caséase* agit toujours, lentement, mais sûrement, jusqu'à ce qu'elle ait atteint son maximum d'intensité et d'effets.

Mais voyons l'exposé scientifique des actions chimiques qui décomposent le lait :

« Il existe deux influences : l'air et les microbes dont l'action est justement de décomposer, soit l'un, soit l'autre des éléments du lait, — influences plus ou moins rapides, selon les circonstances extérieures et ambiantes, mais dont l'effet se poursuit plus ou moins lentement, mais sûrement toujours. Ces deux influences s'exercent simultanément ; on pourrait même dire qu'elle n'en forment qu'une, puisque, sans l'air, les microbes ne pourraient agir sur la caséine du lait.

« Les germes de ces êtres sont en nombre incalculable, partout où se produit le lait. On les trouve sur le pis de la vache, sur les vêtements du vacher, dans tous les ustensiles de laiterie, dans l'atmosphère ambiante, attendant un milieu approprié à leur existence.

« Les microbes aérobies trouvant dans le lait un aliment propre à leur vie passent de l'air dans ce liquide, s'installent à la surface et brûlent la caséine au moyen d'oxygène qu'ils empruntent à l'air. Cette transformation et les résultats de cette transformation créent alors un milieu favorable à la culture d'une espèce inférieure qui s'installe dans le lait et agit de même. Ainsi de suite, jusqu'à ce que, du haut en bas, la masse du lait soit entièrement peuplée d'aérobies en haut, d'anaérobies en bas.

« Tous ces êtres secrètent une diastase que nous avons, avec M. Duclaux, appelée la *caséase*. Cette diatase a pour effet de précipiter la caséine. Mais, en outre, chacune de leurs actions comburantes dégage du carbonate d'ammoniaque à l'état gazeux, et ces actions ont pour effet de maintenir le lait alcalin.

« Or, dans le lait, prend encore naissance un autre ferment : le *ferment lactique* ou *odium lactis* ou *bacterium tremo*, dont Pasteur a fixé les caractères et les propriétés. Ce ferment très analogue à celui de la levure de bière, quant aux milieux propres à son développement, agit, non plus sur la caséine, mais seulement sur le sucre de lait. Pour que ce ferment se développe, il lui faut d'abord un milieu alcalin. « Que l'on rende le milieu neutre ou un peu alcalin, le ferment lactique aura une grande tendance à se montrer et à se multiplier », dit Pasteur, dans son premier mémoire sur ce sujet. Qu'il survienne un carbonate dans un tel milieu, — les carbonates ayant la propriété, en présence d'un sucre quelconque, d'engendrer une fermentation, — la *fermentation lactique* va s'établir aussitôt.

« Or, le lait est un milieu alcalin renfermant un sucre et toujours du carbonate de chaux. Aussi n'est-il pas étonnant qu'aussitôt la fermentation commence. Elle ne serait guère rapide, car le lait n'a que fort peu de carbonate. Mais, justement — et c'est pourquoi nous avons commencé par l'action des microbes — cette dernière action maintient le milieu alcalin et dégage du carbonate d'ammoniaque qui empêche l'acide lactique d'aciduler aussitôt la masse du lait. En sorte que cette action des microbes qui a l'air de retarder la coagulation — on le croirait en s'en tenant aux apparences — en retardant l'acidification du lait, l'avance, au contraire, en venant fournir, à la fermentation, un milieu entièrement propre à sa marche, alors que le milieu primitif ne lui était que faiblement favorable. Cette fermentation transforme la lactose en acide lactique, selon la formule :

$$C^{12} H^{24} O^{12} = 4 (C^3 H^6 O^3).$$

« Cet acide finit pourtant par être en assez grande quantité pour pouvoir agir sur la caséine, et, en effet, son action jointe à celle des microbes du lait finit par le cailler au bout de 36 heures environ quand la température s'est maintenue entre 15° et 20° (1). »

Eh bien! ce sont ces deux actions altérantes que l'on cherche à combattre avant d'expédier le lait. Les autres altérations sont, d'ailleurs, trop peu sensibles pour qu'on ait à en tenir compte dans la pratique.

Le procédé de conservation est double pour la traite du matin et consiste :

1° A porter le lait à la température de 97° environ en le laissant pendant un temps suffisant dans de grands bains-marie. D'autres préfèrent la température de 60 à 70°.

2° A le refroidir ensuite le plus vite possible. Après quoi on le laisse dans l'appareil refroidisseur. C'est le procédé de la *pasteurisation*. Pour la traite du soir on se contente de cette opération. Puis lorsque le lait est suffisamment refroidi, on le mélange avec celui du matin, et, si le temps est menaçant ou la distance trop grande on y ajoute un conservateur avant de le traiter.

Cela fait, on le mène à la gare et il arrive à Paris vers deux heures du matin. Là, il est distribué par ces lourdes voitures à deux roues, aux parois à claire-voie, qui sillonnent les rues jusqu'à 11 heures du matin, roulant avec fracas et toujours très vite, au risque d'écraser à chaque pas les piétons imprudents et pressés.

Le mélange a pour but, non-seulement de réunir les deux traites et par là donner un lait de fraîcheur moyenne ; mais encore d'atténuer les additions d'eau que les cultiva-

(1) *Les Fromages*, par Claudius Nourry, p. 4, Librairie Universelle.

teurs ont pu y faire en répartissant les laits *mouillés* dans une grande quantité de liquide pur ; comme aussi de donner, en composition chimique et en qualité, un lait moyen apte par conséquent à satisfaire tous les consommateurs.

Ces opérations, comme on le voit sont très simples et de prime abord n'offrent aucun inconvénient. On peut même ajouter que tout est fait pour le mieux. Reste à voir si, en réalité, cette première vue n'est pas mensongère, si le but proposé est bien rempli, et si le lait ainsi préparé conserve toutes ses propriétés, son goût agréable, et sa digestibilité.

CHAPITRE V

EFFETS DES PROCÉDÉS DE CONSERVATION SUR LE LAIT

§. I. — *Pasteurisation*

Nous venons de voir que la pasteurisation consiste à porter le lait à la température de 97° pour tuer les microbes du lait, que ces microbes soient inoffensifs ou pathogènes. On a appelé ainsi ce procédé en l'honneur de l'illustre savant qui a découvert, outre le microbe du lait le premier connu, l'*odium lactis*, la température à laquelle ce microbe succombait.

A cette température, en effet, ce ferment du lait succombe et avec lui meurt la fermentation dont l'acide lactique est le produit. En sorte que cet acide ne se produisant pas, la caséine ne se coagule pas.

M. Duclaux a du reste étudié l'effet de cette action de la chaleur sur le lait. Son étude chimique nous apprend que l'analyse décèle une légère diminution de *caséone* très peu sensible mais permettant, dès lors qu'elle existe, au liquide de se conserver un peu plus longtemps. Mais, ajoute, M. Duclaux, l'ébullition augmente évidemment l'agrégation de toutes les particules flottantes et produit comme un commencement de coagulation. C'est la raison pour laquelle le lait bouilli ou stérilisé ou pasteurisé est moins facilement attaquable dans la digestion stomacale que le lait qui n'est pas stérilisé.

Ce procédé communique, de plus, au lait une couleur un peu louche et un goût désagréable. Or, le goût d'un aliment est une cause qui influe beaucoup sur sa digestibilité. Le goût est la sentinelle chargée de veiller à ce qu'aucun aliment ennemi ne s'introduise dans l'organisme. Dès qu'il est flatté, l'appareil digestif fonctionne avec plaisir. Dès qu'un arome délicat ne vient pas exciter ses fibres nerveuses, il faut un effort pour ingurgiter et avaler l'aliment. Et cet effort, marque de dégoût, est toujours l'avant-coureur, le messager chargé d'annoncer une hostilité réelle entre l'aliment et l'estomac. Le goût joue dans l'alimentation un rôle qu'on tend trop à dénigrer à l'heure actuelle, quoiqu'il soit la sauvegarde donnée à notre organisme de ce que nous pouvons manger ou ne pas manger ; quoiqu'il soit, en quelque sorte, le sceau dont la nature a marqué ce qui est utile ou nuisible à notre pauvre corps humain. Il y a donc, de ce côté, une altération importante du lait.

Il est encore une autre raison du peu de digestibilité du lait stérilisé. Nous venons de voir en tête de ce chapitre que la caséine y est moins attaquable par les sucs digestifs de l'estomac. L'action du sulfate de magnésie sur le lait nous donne l'explication de ce fait. Le liquide filtré provenant de la coagulation d'un volume de lait bouilli par un excès de sulfate de magnésie ne précipite pas par la chaleur, tandis que le même volume de lait naturel donne un trouble très remarquable. Concluons-en que dans des solutions de sulfate de magnésie identiques la caséine bouillie est moins soluble que la caséine non bouillie, ce qui implique entre les deux caséines primitivement identiques un changement considérable. En sorte que, malgré les apparences qui n'ont pas varié, le lait bouilli n'est plus chimiquement identique au lait naturel. Ce fait a été mis pour la première fois en évidence par M. Duclaux qui ajoute, après l'avoir constaté : « La transformation subie par la caséine est d'ailleurs de l'ordre de toutes les actions qu'exerce la chaleur sur les matières albuminoïdes, qu'elle rend plus compactes et plus insolubles, de sorte que rien dans les analogies n'empêche d'accepter notre interprétation (1). »

Dans le chapitre consacré spécialement à la tuberculose nous traiterons cette question de l'ébullition du lait plus à fond. Aussi, nous bornerons-nous à la constatation d'une transformation dans la constitution intime de la matière nutritive du lait. Nous verrons aussi plus loin les conséquences de la légère concentration produite dans le liquide par la chaleur.

Le lait porté ainsi à la température de 97° est ensuite refroidi le plus rapidement possible. Pour ce faire, on se sert d'instruments appelés *réfrigérants*. Ces appareils sont des serpentins dont les zigzags se touchent tous, paroi inférieure contre paroi supérieure. Ces serpentins sont placés dans des récipients contenant un courant d'eau froide. Le lait est introduit à l'extrémité supérieure du serpentin. Il circule dans ce conduit qu'on a fait le plus long possible, et vient sortir à l'extrémité inférieure où un robinet le fait couler dans des pots.

Or, plus étroit sera le serpentin, plus énergique sera le refroidissement du liquide dont la masse sera plus facilement pénétrée. C'est pourquoi le tuyau est le plus étroit possible. Mais alors, lorsque le liquide passe du serpentin

(1) Voir *Le lait*, par E. Duclaux, J.-B. Baillière, Paris, 1887, p. 80, 81, 82 et 83.

dans le pot, comme là, il est en contact avec l'air, ce contact s'établit très intimement et produit quoi ? La seule chose possible : le repeuplement des microbes aérobies dans le lait !

Certes, comme la température est basse, alors, l'action des microbes sera très lente, mais il n'en reste pas moins acquis que tout ce que l'on avait défait est refait du même coup, et que le lait après cette opération se trouve dans les mêmes conditions qu'auparavant avec, comme unique différence, des transformations dans la nature intime de ses substances albuminoïdes.

Il est vrai qu'ainsi l'on a pu gagner une demi-journée, temps d'autant plus précieux que sans son emploi aux opérations que nous venons d'examiner, le lait ne se retrouverait pas au point de vue de ses *transformations apparentes*, dans les mêmes conditions que s'il venait d'être trait. On ne pourrait pas le vendre. Tandis qu'ainsi il sera possible en ajoutant quelque nouvelle manipulation de lui permettre d'arriver liquide au centre de consommation.

A la sortie des réfrigérants, on met le lait dans des bacs traversés par une eau courante, de manière à lui conserver sa faible température. Nous le retrouverons plus loin, passons à un second procédé de conservation du lait.

§ II. — *Salicylage*

L'addition d'acide salicylique était très fréquente avant l'ordonnance de février 1881. Maintenant elle est presque nulle. Nous devons pourtant en parler parce que maintes fois on a émis à ce sujet des réclamations dont il faut tenir compte. M. Lezé, professeur à l'école de Grignon, rédacteur en chef du journal l'*Industrie Laitière*, ne demandait-il pas dans une conférence faite par lui au concours agricole de Paris 1888, sur le lait et ses procédés de conservation, qu'on levât pour l'acide salicylique l'interdiction prononcée contre cet agent ? M. Lezé arguait que ses effets sont moins néfastes que ceux des autres conservateurs du lait et concluait qu'on finirait bien par revenir à son emploi son prix de revient étant très élevé, on ne saurait en abuser. C'est là une affirmation osée dont l'expérience a fait justice. Toutes les fois que le lait est l'objet du salicylage, la santé des enfants qui le consomment ne tarde pas à se troubler. Le Dr Dubrisay dans son rapport sur ce sujet au Comité consultatif d'Hygiène de France cite une note très bien faite du Dr Bertherand, d'Alger qui expose très nettement la question :

« De ce qu'une substance est utilisée en médecine, dans des cas où tel organe, telle fonction sont en souffrance, serait-il logique d'en conclure qu'elle peut être impunément employée dans l'usage journalier d'une personne en bonne santé ?

« N'y a-t-il pas une différence très notable pour celui qui prend telle substance médicamenteuse pendant quelques jours à doses déterminées, régulières, et pour celui qui l'absorbera dans son régime quotidien, d'une façon continue, plus ou moins copieuse, mêlée à des aliments, à des boissons de qualités fort diverses ?

. . . .

« Vous me parlez de « dosage ! » mais comment l'assurer, le réglementer, le surveiller ! Oubliez-vous que la grande variété des santés, des conditions constitutionnelles des individus entraînent de non moins grandes différences dans l'élimination régulière des substances introduites dans l'économie ? La dose qui sera inoffensive pour celui-ci ne le sera pas pour celui-là qui en éprouvera des accidents plus ou moins sérieux. »

Après avoir constaté les différences de puissance de l'acide salicylique et du salicylate de soude, et rapporté d'après M. Miquel que pour stériliser un litre de bouillon, il faut 1 gramme d'acide salicylique et 10 grammes de salicylate de soude, le Dr Dubrisay revient sur ces considérations et dit :

« Mais d'une action thérapeutique heureuse dans un cas pathologique déterminé, a-t-on le droit de conclure à une généralisation d'emploi favorable sur tous les individus bien portants ?

« D'une dose thérapeutique a-t-on le droit de conclure à une dose hygiénique ? C'est contraire aux enseignements de la clinique. De ce que le paludéen absorbe des quantités énormes de quinine, de ce que les femmes enceintes ou hystériques supportent des doses élevées d'opium, on n'a jamais eu l'idée de donner à l'homme sain de l'opium et de la quinine : on sait que dans un grand nombre de cas la maladie confère au sujet malade une immunité qu'on ne retrouve pas chez le sujet à l'état physiologique.

« De ce que le rhumatisant est guéri par le salicylate de soude, administré passagèrement et surveillé dans ses effets, rien n'autorise à affirmer que l'homme sain pourra, sans danger, absorber d'une manière continue ce même médicament. »

Du reste, il est une raison primordiale de l'interdiction de cet agent. Si, généralement il s'élimine par les reins, du moins, cette élimination peut être suspendue ou retardée par l'effet de l'âge ou d'une condition morbide. Dès lors, des doses considérables d'acide peuvent en quelques jours s'accumuler dans l'économie. D'autant mieux que, quand même l'élimination serait régulière, Feser et Friedberger ont constaté en effet, qu'on ne retrouve dans les urines que 63 0|0 de la quantité d'acide administrée à des chiens. Et ces savants ajoutent : « Comme le reste n'a pas été éliminé par les fèces, il a été détruit dans l'organisme. »

D'autre part, Bertagnini (1) a montré que l'acide salicylique ne se retrouve pas dans les urines tout entier à l'état libre. Une partie se transforme en acide salicylurique, qui étant un acide azoté peut être considéré comme un dérivé salicylique du glycocole. Et l'ingestion d'acide salicylique vient ainsi modifier les conditions de la désassimilation, puisqu'une partie de l'azote de l'organisme est éliminée sous forme d'acide salicylurique au lieu de l'être sous forme d'urée.

En sorte que cette élimination incomplète, d'une part, et de l'autre, la formation d'acide salicylurique constituent de réels dangers, et justifient bien les qualificatifs de « toxique, dangereux, suspect » que l'on retrouve dans les quatre rapports au Comité consultatif d'hygiène.

Certes on n'a pas, jusqu'à présent, observé d'empoisonnement au sens légal du mot ; mais l'acide salicylique est un nouveau venu dans le monde médical, et comme le dit très bien encore le Dr Dubrisay :

« Il y a trente ans, les lésions consécutives à l'alcoolisme chronique étaient inconnues ; concluera-t-on qu'à cette époque l'alcool *ne fût pas un poison* ? »

Ainsi de l'acide salicylique.

D'ailleurs sa valeur en tant qu'antiseptique est très contestable. Le professeur Vallin dit de lui que « considéré comme antiseptique, l'acide salicylique ne donne pas de garantie absolue et sa puissance est très limitée. »

(1) *Annales de Chimie et de Physique*, 1856, t. XLVII, p. 178.

Il empêche tout d'abord l'évolution de certains organismes, mais bientôt, ferments et microbes s'habituent au nouveau milieu, de sorte qu'au bout de quelque temps, ils reprennent leur évolution un instant entravée par la suspension de leurs fonctions.

Aussi, une dose faible en commençant, va s'augmentant de plus en plus, chacune des mains par lesquelles passe le liquide en ajoutant un peu. C'est une constatation générale que nous aurons à faire encore et qui montre combien on a raison d'interdire dans la conservation des substances alimentaires des agents susceptibles de devenir toxiques ou de rendre tel l'aliment dans lequel on les place.

Pour l'acide salicylique dont la puissance en tant qu'agent antiseptique est loin d'être aussi forte qu'on le dit, on a bien fait de prendre un arrêté d'interdiction, malgré les réclamations intéressées d'une foule de marchands chez qui le souci de l'hygiène publique est la moindre des préoccupations.

Nous avons consacré à l'acide salicylique ce paragraphe parceque, ainsi que nous le disions plus haut, des voix autorisées réclamaient en sa faveur. Nous espérons qu'on n'écoutera pas ces réclamations que la conclusion sera celle du rapport du Dr Dubrisay, le cinquième sur la matière :

« Il y a lieu d'interdire la vente de toute substance alimentaire solide et de toute boisson contenant une quantité quelconque d'acide salicylique ou de l'un de ses dérivés. »

Maintenant passons à un agent d'un emploi plus fréquent : le bicarbonate de soude.

§ III. — *Bicarbonate de soude.*

Après l'interdiction du salicylage, il fallait trouver un

autre antiseptique chargé d'empêcher les fermentations qui, se produisant au sein du lait, le font tourner. L'acide salicylique, qui, jusque là, avait été l'objet d'un emploi presque général, fut remplacé par le bicarbonate de soude dans la faveur que les marchands de lait lui accordaient sans mesure.

Le bicarbonate de soude retarde l'altération du lait de quelques heures. L'alcali qu'il renferme, sature, au fur et à mesure de sa production, l'acide lactique, fruit de la fermentation inévitable du lait. Ainsi il empêche la coagulation de la caséine.

Cette action se voit aisément à l'analyse de deux volumes égaux de lait, l'un normal, l'autre additionné de bicarbonate de soude. Ce dernier donne un chiffre très sensiblement moindre de *caséone*. La caséone, en effet, étant l'état assimilable de la caséine est la partie dont les éléments tendent à s'unir; soit, par cette union, à produire le coagulum du lait. Moins grande sera la quantité de caséine sous cet état, moins la coagulation sera proche.

Du reste, cette dissolution, dans le bicarbonate de soude, de l'acide lactique, empêche ce dernier d'acidulер la masse du lait. Or, l'acidité, — comme la chaleur, — précipite la coagulation; il est évident que cet agent, par cela même qu'il conserve au lait son alcalinité, agit en faveur de la stabilité du liquide.

L'action de la chaleur, jointe à celle du bicarbonate de soude, est de mieux faire sentir l'odeur désagréable de ce sel et de lui communiquer cette couleur café au lait clair qui caractérise les laits des laiteries en gros. Comme l'addition se fait toujours, avant de porter le lait, à la température de 97°, il arrive toujours qu'on obtient une couleur louche du lait, et un goût de lessive amené par le sel. Quant à l'odeur propre du lait elle a disparu.

D'après Quévenne, on peut employer, sans inconvénient, le bicarbonate de soude jusqu'à la dose de 1 quatre centième. M. Bouchardat admet un demi-gramme par litre. Avec cette quantité, le lait ne subit pas de transformations capables d'être remarquées. Mais, à la dose de 1 millième ou 1 gramme par litre, le goût et l'odeur sont déjà influencés lors de l'ébullition. A la dose 1 cinq centièmes, soit 2 grammes par litre, l'ébullition fait prendre au lait une forte odeur d'œuf cuit et le goût de lessive, alors qu'à froid le liquide ne subit pas, pour cette même dose, de modifications appréciables.

La dose généralement employée est celle d'un gramme par litre. Mais, comme il arrive que parfois, quand le temps est orageux ou la température assez élevée, le lait se désorganise quand même — le bicarbonate ne pouvant que neutraliser l'acidité du lait sans retarder l'action des caséases — chaque intermédiaire y ajoute sa dose, et on a trouvé, au Laboratoire municipal de Paris, jusqu'à 8 gr. de cette substance dans un litre de lait (1) !

Cette propriété du bicarbonate est due à sa base alcaline, la soude, dont 1 dix-millième seulement rend l'action de la présure deux fois fois plus lente sur un lait alcalinisé, que sur un lait non alcalinisé. C'est aussi la raison de l'efficacité de salicylate de soude, comme celle de tous les sels alcalins de la famille du carbone.

Nous avons vu que l'analyse de deux volumes égaux, l'un de lait normal, l'autre de bicarbonate de soude, décelait une diminution de *caséone* dans le second. Si ce dernier lait, contenant 3 millièmes de bicarbonate de soude est chauffé à 115 degrés et soumis à un repos de quel-

(1) Girard. *Documents sur les Falsifications des Matières alimentaires* 1885, p. 291.

ques jours suffisant pour permettre la montée de la crème, il prend de la transparence et apparaît comme formé d'un liquide opalescent et, sous une épaisseur de plusieurs centimètres, translucide dans toute sa hauteur. En sorte que la diminution de caséone s'explique par la solubilisation d'une partie de la caséine.

A 37°, au lieu de 115, on peut obtenir cet effet de solubisation de la caséine, seulement il faut 5 heures au lieu de 5 minutes, à dose égale d'ailleurs, car toute augmentation de sels précipite la solubilisation, et inversement.

Cette puissance du carbonate de soude est, du reste, aisément mesurable : 1 millième de ce sel décuple le temps mis ordinairement par la présure pour coaguler le lait.

Ce retard est d'autant mieux explicable que non-seulement la soude, comme la potasse, du reste, donne au lait un coagulum mou. Mais, avec 1 deux centième de carbonate, le lait se transforme, à 37°, en un liquide visqueux, d'aspect colloïdal, au bout seulement d'une heure.

Or, cette viscosité du lait est une cause de plus de stabilité du liquide, en ce qu'elle entrave l'action des lois de la pesanteur sur lui. Elle lie les molécules des divers éléments du lait et les empêche ainsi de se séparer selon leurs poids spécifiques. Elle est donc une force grandement utile à la conservation du lait.

Dans le paragraphe précédent, nous avons montré quelles étaient les raisons qui faisaient interdire l'emploi des substances conservatrices du lait, en montrant qu'elles sont étrangères à l'organisme et produisent sur lui des effets nocifs.

Nous n'y reviendrons pas, sauf pour le bicarbonate de soude qui est l'agent le plus employé dans la médication alcaline et dont l'importance est si grande à ce point de vue, qu'il pourrait au besoin suppléer tous les autres.

Chimiquement il se borne à absorber les acides qu'il rencontre. Ces acides chassent en partie son acide propre, dégageant ainsi de l'acide carbonique.

Cet effet, il le produit dans l'estomac avec les acides des voies digestives. Mais, il faut pour cela qu'il soit à doses élevées. A petite dose, il augmente seulement l'acidité du suc gastrique et, par là, accroît l'activité de la sécrétion. Une fois absorbé, « le bicarbonate de soude alcalinise le sérum du sang, diminue la coagulabilité de la fibrine et peut, si son usage est prolongé, produire une cachexie particulière, un véritable *scorbut alcalin*. L'économie cherche d'ailleurs à se débarrasser de cette substance et la dirige en majeure partie vers l'émonctoire rénal (1). »

Aussi, ce sel est-il un agent diurétique excellent. Et l'on s'explique aisément pourquoi on a supprimé la tolérance dont jouissait son emploi à faible dose dans la conservation du lait.

Nous aurions à en dire tout ce qui a été dit à propos du salicylage. Nous nous bornerons à citer un fait qui montre combien il communique au lait son pouvoir diurétique. En 1888, visitant l'Exposition de Sauvetage au Palais de l'Industrie, je rencontrai M. Laplagne, ancien président du syndicat des débitants de vins de la Seine. En causant, la conversation tomba sur le lait. Et comme je lui parlais de l'effet diurétique du lait additionné de bicarbonate de soude, il me dit que justement le médecin lui ordonnait chaque matin une dose de 1 à 2 grammes de ce sel.

(1) *Dictionnaire de Dechambre*, 3e série tome X, p. 520, Soude, par Foussagrives.

« Tiens, si j'essayais de boire du lait dans une crêmerie quelconque, fit-il en riant.

— Essayez, et vous verrez. L'effet sera le même qu'avec votre sel. »

En effet, quelques jours plus tard, le rencontrant de nouveau :

« Eh bien ! mais savez-vous que c'est vrai ce que vous me disiez du lait. J'ai essayé et pendant cinq ou six jours, sans prendre ma dose, l'effet a été absolument identique à celui que j'obtenais avec mon sel ! »

Ce fait authentique montre combien un tel lait est dangereux chez les enfants. Non-seulement, il est un élément étranger à l'organisme que ce dernier devra éliminer et, pour ce, dépenser une certaine action, alors qu'il dépense toujours trop d'activité ; mais encore ce pouvoir diurétique ne doit certainement pas être étranger aux épidémies de diarrhées et de choléra infantile qui font de grands ravages chaque année dans les jeunes générations. Sans compter les effets particuliers produits par l'acide carbonique que son absorption stomacale dégage, et qui agit avec ses effets si nuisibles à un jeune organisme.

§ IV. — *Autres conservateurs du lait.*

Les autres conservateurs du lait, outre le bicarbonate de soude et le salicylate de soude qui ont été le sujet des deux paragraphes précédents, sont le *borax*, l'*acide borique* et rarement l'*ammoniaque*. Les carbonates de potasse peuvent du reste rendre les mêmes services que les carbonates de soude. Leur force est également grande puisque leurs effets sont identiques ; seulement le goût et l'odeur de la potasse sont trop particuliers pour en permettre l'emploi.

L'ammoniaque produit les mêmes effets que le bicarbonate de soude. Mais la forte odeur de l'alcali rend son emploi beaucoup plus délicat. C'est la raison de la rareté de cet emploi.

Sous certains points de vue, le borate de soude se comporte absolument comme le bicarbonate de soude. Ainsi, si l'on ajoute à du lait un trois centième de son poids de bicarbonate de soude, et la proportion équivalente de borate de soude, dans les deux cas le lait se décolore, et dans les deux cas, le lactoscope de Donné mesure une augmentation de sa transparence régulière avec le temps et se produisant avec la même vitesse.

Le borax possède, lui aussi, la propriété d'enrayer les fermentations et de retarder l'action de la présure. Comme les caséases du lait ne sont que des présures semblables à celle qu'on retire de la caillette de veau, nous avons mesuré jusqu'ici l'action de tous les conservateurs à celle de la présure dont les effets ne sont en rien différents de ceux des caséases ; et les résultats sont identiques quant au fond, ne différant qu'en ce que l'action de la présure de veau est plus énergique. Eh bien ! un millième de borax ajouté au lait fait qu'il faut à ce lait une durée quatre fois plus longue qu'au lait naturel pour être coagulé par une même quantité de présure. Avec deux millièmes du même sel, il faut une durée seize fois plus longue.

L'acide borique arrête l'action des caséases, alors que le borate de soude ne peut que neutraliser l'acidité du lait, comme le bicarbonate de soude et les autres sels. Son action est donc beaucoup plus profondément intime, car elle agit sur les ferments de la caséine tandis que l'action des autres sels ne se produisait que sur la fermentation lactique, fermentation qui se produit aisément et immédiatement alors que l'autre est beaucoup plus tardive et plus intime. La caséine étant la partie nutritive du lait subit dès lors une action néfaste.

Ces effets particuliers aux borate, carbonate et autres sels de soude et ceux particuliers à l'acide borique permettent, s'ils sont unis, d'obtenir un liquide d'autant plus stable que les premiers, par la viscosité qu'ils donnent au liquide, annihilent les effets des lois de la pesanteur sur les éléments du lait ; par la saturation, au fur et à mesure de sa production, de l'acide lactique, entravent la fermentation lactique ; et enfin que le second par l'action propre à l'acide borique, retarde les fermentations des microbes de la caséine. En sorte que l'union de l'un de ces sels à l'acide borique protége incontestablement le lait contre toutes les altérations qui peuvent s'y produire. On s'explique ainsi l'emploi très fréquent du mélange de borate de soude et d'acide borique.

Dans l'étude du salicylage nous avons montré les effets de l'introduction dans l'organisme d'une substance qui lui est étrangère.

Dans l'étude particulière au bicarbonate de soude nous avons montré les transformations que l'addition d'une substance étrangère fait généralement subir au lait.

Nous nous contenterons, sans entrer dans des détails surabondants, d'observer que toutes ces substances sont nuisibles à la santé, en ce qu'elles sont étrangères à l'organisme humain.

Nous retiendrons qu'elles communiquent au lait une viscosité et une couleur permettant d'additionner d'eau cet aliment, en même temps qu'elles lui donnent une apparence désagréable et un goût de lessive.

Nous nous souviendrons surtout que ces substances ne sont pas seulement nuisibles par elles-mêmes, mais qu'en outre, quand elles ont agi sur le lait à la température de 37 degrés, la caséine n'est plus ce qu'elle était dans le lait normal. Et puisque l'addition se fait avant de porter le lait à 97° pour pasteuriser, on est toujours certain qu'il en sera ainsi.

Cette caséine est-elle plus aisément digestible ? Nous avons vu qu'il n'en était rien ; mais, qu'importe ? Nous savons que la caséine a changé et nous ajouterons avec M. Duclaux : « Voilà un argument à ajouter à ceux que nous avons indiqués plus haut, pour affirmer que le lait additionné de ce mélange de sels conservateurs commence à ne plus mériter le nom de lait, car son principe le plus nutritif a subi une transformation qui lui enlève quelques-unes de ses propriétés caractéristiques (1). »

§ V. — *Mélange des deux Traites*

Nous avons laissés les pots contenant le lait de la traite du matin, après la pasteurisation de ce lait, dans des bacs traversés par une eau courante.

Après que la traite du soir a subi, sans être pasteurisée, une réfrigération d'une heure, on procède au mélange des deux traites.

Cette opération se fait avec un appareil auquel on a donné le nom de *mélangeur* (2), en raison de sa fonction.

Cet appareil se compose d'une grande cuve pouvant contenir de 300 à 1000 litres, selon sa capacité particulière. Un tamis en forme de hotte est accroché à sa paroi au moyen de deux crochets recourbés, de façon à ce que

(1) Duclaux, *Le Lait*, p. 112.
(2) Voir Pouriau, *La Laiterie*, Paris, 1881, p. 44.

ce tamis, — dont les parois supérieures doivent arriver au niveau de celles de la cuve, — occupe le centre du premier récipient. Le fond du tamis est mobile, à treillis et de même métal que la cuve et les parois du tamis.

On verse dans ce tamis, d'abord une certaine quantité de lait de la traite du soir. Puis, une quantité égale de la traite pasteurisée. Le tamis retient toutes les impuretés du lait. Il retient de plus, la matière caséo-albumineuse qui s'en est séparée pendant le chauffage et le refroidissement, laissant ainsi le liquide clair filtrer et se mélanger dans la cuve à la traite du soir. Là, pour que le mélange soit plus intime, on brasse la masse liquide ; puis, quand le mélange paraît achevé, on recueille le lait dans des pots par un robinet placé à la partie inférieure du mélangeur.

Quels sont les effets de cette opération ?

D'abord elle retient la couche caséeuse que le chauffage fait naître et que le refroidissement développe en favorisant la montée de la crème. Cette couche caséeuse est formée par la caséine en suspension (1). Et justement c'est cette même caséine qui sert à former la crème. En sorte que la chaleur produit dans le lait comme un noyau autour duquel viendront se grouper, par le refroidissement, les autres parties de la crème.

On retient cette couche qui n'est réellement que de la crème. C'est donc incontestablement un écrémage réel que l'on commet ainsi.

Ensuite, on brasse. Mais brasser, c'est amener à l'air une plus grande quantité de liquide dont le contact avec l'atmosphère aura pour effet de repeupler le liquide de microbes.

Nous avons déjà vu que lors du passage du lait pasteurisé

(1) Voir *Le Lait*, par Claudius Nourry, p. 7.

du réfrigérant dans le pot, on produisait un repeuplement de microbes dans le lait.

Souvenons-nous de ces divers repeuplements, nous en verrons les effets un peu plus loin, car il n'est pas jusqu'à l'opération la plus insignifiante en apparence qui n'entraine avec elle son effet.

Une fois dans les pots, le lait prêt à être amené à Paris est mené à la gare et mis en wagon.

Certains de ces wagons sont des wagons réfrigérants ; nous avons donc à étudier l'influence du froid.

§ VI. — *Influence du froid*

Nous retrouvons cette influence du froid accidentellement ; mais nous n'avons pas voulu l'étudier plus tôt, pour ne pas placer côte à côte les parties importantes de la question, car alors elles perdent de leur relief.

Le froid est, en effet, une des parties les plus importantes de ce chapitre. Il est avec la pasteurisation un procédé de conservation du lait très employé alors que l'addition des sels conservateurs n'en est qu'un moyen et encore la plupart du temps qu'un moyen venant aider aux deux grands procédés types, le froid, la chaleur.

Pasteur, en découvrant l'existence des microbes et en étudiant leurs conditions d'existence, montra qu'une certaine température, plus ou moins élevée selon l'espèce, enlevait, à ces êtres, la vie que telle température inférieure leur favorisait tout particulièrement. C'est à la suite de cette constatation que l'idée vint de chauffer le lait pour tuer ses microbes et c'est pourquoi on appela ce procédé la pasteurisation.

Mais, en même temps qu'il indiquait ces résultats, le

fondateur de l'école microbienne constatait qu'à toute température inférieure à 10° centigrades, les microbes se développaient avec difficulté. De là l'idée de l'emploi du froid.

Le froid s'obtient en maintenant le lait dans des appareils réfrigérants, soit en entourant simplement le vase de glace.

A propos de ce dernier procédé, on nous permettra de citer un moyen très original de le réaliser. Nous l'empruntons à M. Ch. Girard : « Malheureusement, dit-il, au lieu de mettre la glace autour des vases à refroidir, un certain nombre de laitiers trouvent plus économique de la mettre directement dans les pots à lait ; le petit baptême résultant de la fusion paie une partie des frais de l'opération (1). »

Les wagons servant au transport du lait réalisent les mêmes conditions que les appareils frigorifiques et sont bâtis sur leur modèle.

Mais quel est l'effet du froid sur le lait ? Le lait soumis à une basse température ne peut fermenter. Le nombre des microbes qui s'y développent va toujours en croissant. Seulement ces microbes sont en bien moins grand nombre que si la température était normale. Leurs actions sur le lait ne pouvant s'exercer, il en résulte qu'au point de vue chimique le lait se conserve absolument, bien que de plus en plus ensemencé de germes microbiens.

Aussi, le procédé serait excellent s'il ne favorisait la montée de la crême et par là, la désorganisation physique du lait. A ce point de vue le froid est le plus ennuyeux agent. D'autant qu'on aura beau dire, la tentation doit-être grande pour le laitier de voir une belle couche de crême à

(1) *Documents sur les falsifications des matières alimentaires*, p. 290.

la surface de chaque pot et de se dire qu'il n'y touchera pas.

Mais alors même que le laitier est honnête, nous avons vu que le mélangeur retient toute agglomération au sein du liquide. Il faudrait agiter longtemps la masse pour redissoudre la crême. En outre la forme des pots est loin de se prêter à cette opération ; et nous nous trouvons réduit, si le laitier est honnête à voir le mélangeur enlever quand même au lait une partie de sa crême.

Et comme toutes les altérations se tiennent, le lait étant écrémé a une apparence bleue ; que faire pour masquer cet indice révélateur, comment le faire disparaître ? Ajouter une substance quelconque, du bicarbonate de soude par exemple qui donnera au liquide une teinte louche, et une certaine viscosité qui cachera son appauvrissement !

Et c'est ainsi, le plus souvent, que la fraude est moins le résultat d'un calcul, que la conséquence forcée inévitable, d'un procédé quelconque rempli de défectuosités !

Mais, passons au transport.

§ VII. — *Influence du Transport.*

Le transport produit au sein de la masse liquide une agitation incessante.

Nous avons vu que le lait pasteurisé subissait lors de la réfrigération et du mélange un double repeuplement de microbes.

Le froid, d'autre part, s'il entrave les fermentations, n'empêche pas le développement de ces mêmes êtres. En sorte qu'au moment du transport, le lait est très ensemencé de germes qui pour vivre ne demandent qu'un peu d'air et qu'un peu de chaleur.

Le transport vient fournir ces deux conditions d'existence aux microbes du lait.

Chaque vase d'abord contient de l'air au-dessus du lait. En sorte que chaque organisme part y puiser l'oxygène nécessaire à sa vie. L'agitation, d'autre part, élève la température et apporte ainsi la seconde condition d'altération. Si donc, on ne vient pas empêcher la température de s'élever, aussitôt vont commencer les fermentations. De là, la nécessité de wagons à claire-voie ou de wagons réfrigérants.

Mais admettons que la température ne puisse pas s'élever, l'agitation produite au sein du liquide fait se souder entre elles les molécules du beurre ; en sorte que pour que cette action ne se produise pas, il faut rendre le liquide visqueux, au moyen de l'addition d'une substance quelconque. Et voilà de nouveau la falsification qui revient pour empêcher la fermentation si on a des wagons simples ; pour arrêter la dislocation, si on a des wagons à claire-voie ou à réfrigérants ! Et cela, même avec un transport de peu de durée.

Allons plus loin encore et supposons que cette falsification soit inutile pour le transport, que le lait puisse s'en passer ; il est rempli en arrivant d'une semence considérable. Allez dans une crémerie quelconque, la température n'est jamais ou rarement inférieure à 10°, et voilà à l'arrivée les fermentations qui vont se produire avec une intensité d'autant plus prodigieuse que le nombre des germes est au moins le décuple de ce qu'il serait dans du lait frais. Que faire alors ? car il va tourner. Toujours nous en arrivons là forcément, fatalement ; toujours la falsification est le terme obligé de la conservation du lait, tant cet aliment est prodigieusement fragile !

§ VIII. — *Concentration du Lait*

Aucun des deux procédés généralement employés dans la conservation du lait ne permettant de livrer, de l'avis général, un aliment convenable, on s'est rabattu sur un moyen, point neuf du tout, mais presque généralement oublié, le procédé inventé par Appert en 1807 et qui consiste à concentrer le lait. Nous ne voulions pas en parler, nous réservant de le faire dans le deuxième volume de cette série, *la Mortalité de l'Enfance et l'Alimentation*, quand l'homme à notre avis le plus autorisé à parler du lait, M. Duclaux, lui-même, a recommandé ce lait dans la conférence qu'il a fait le 22 mars 1890 à l'association française pour l'avancement des sciences sur *Le lait au point de vue alimentaire*.

Comme tous les travaux de l'éminent professeur, cette conférence a eu un grand retentissement et nous voulons en examiner de près la conclusion.

Le lait étant un aliment liquide, l'eau porte avec elle tous les germes des organismes qui agissent sur les composants de ce liquide. Si donc, on fait disparaître l'eau, on fait disparaître du même coup les causes d'altérations.

C'est ce qu'avait compris Appert, esprit très méconnu, bien avant qu'il fut question de M. Pasteur et des théories microbiennes.

Et l'on a réduit le lait. On l'a soumis à l'action de la chaleur, l'eau s'est évaporée. On n'a qu'à conserver le résidu fixe et à l'additionner ensuite d'une quantité convenable d'eau pure. Ainsi, on aura du lait. Et du lait sûrement exempt de tout germe microbien, qu'il soit propre au lait, ou tuberculeux, ou typhoïdique même.

Ce serait parfait. Mais, il est regrettable que M. Duclaux ait oublié ce jour là l'expérience fondamentale de sa thèse sur le lait. A cette question, y a-t-il de l'albumine dans le lait ? M. Duclaux répond non et il se base sur ce que, de deux laits, l'un bouilli, l'autre naturel, saturés de sulfate de magnésie et filtrés après coagulation, le lait bouilli ne précipite pas par la chaleur tandis que l'autre donne un trouble notable (1).

En sorte qu'il doit y avoir forcément changement dans la nature intime de la caséine du lait bouilli. Et M. Duclaux ajoute : « C'est là un fait qu'a depuis longtemps révélé la différence de goût et de digestibilité des deux laits, mais qui se trouve, je crois, mis pour la première fois en évidence par une réaction *in vitro.* »

Et c'est très vrai. M. Duclaux n'a eu que le tort de l'oublier dans sa conférence.

Mais nous voilà suffisamment éclairé sur ce procédé. Du moment qu'une ébullition suffit à transformer la constitution intime de la caséine, il est indubitable qu'une ébullition jusqu'à complète concentration produira des effets encore mieux prononcés.

Nous verrons d'ailleurs les tristes effets de ces produits sur les générations de nouveaux-nés dans notre prochain volume, où comme nous l'avons dit en tête de ce paragraphe, un chapitre leur est réservé.

Passons aux conclusions.

(1) Voir, E. Duclaux, *Le Lait*, p. 80 et suivantes.

§ IX. — *Conclusions*

Les conclusions de ce chapitre sont très claires et portent avec elles un vigoureux enseignement.

La pasteurisation change la nature intime du lait, et demande, comme complément, l'addition d'un conservateur.

Le froid produit l'écrémage soit qu'on le fasse de soi-même ou qu'on laisse au *mélangeur* le soin de le faire, comme il fait du reste pour la pellicule caséeuse formée sous l'action de la chaleur.

Le transport demande l'addition au lait d'un agent de conservation.

La concentration transforme la nature intime de là partie nutritive du lait.

Et dans tous les cas, nous arrivons à une diminution de la propriété digestible du lait, à une perte de son goût et de son arome.

Qu'on remarque bien, pourtant, que nous nous sommes abstenu de parler de tout ce qui constitue à proprement parler la fraude volontaire, que nous avons examiné les conséquences purement logiques des opérations que doit subir un lait pour pouvoir être amené à Paris, sans que la main des commerçants y vienne ajouter de ces opérations superlatives telles que l'eau, les colorants, l'écrémage, etc. Nous n'avons même pas retenu ce fait important pourtant, que le lait sortant du mélangeur écrémé, on doit, pour lui rendre sa densité, lui ajouter de l'eau, — l'eau en effet rendant au lait écrémé, auquel on l'ajoute dans une proportion convenable, sa densité primitive. Et le marchand a tout intérêt à cette addition, sans quoi le simple pèse-lait indiquera un écrémage partiel !

Ces conclusions nous enseignent que ce produit ne saurait être appelé lait. C'est un liquide dérivé, transformé ; c'est tout ce que l'on voudra ; mais on nous permettra de ne pas l'appeler du lait et de réserver ce monosyllable à l'appellation du liquide si merveilleux, qui est le type de l'aliment complet et que dans sa sollicitude la nature a mis dans le sein de la mère pour lui permettre de subvenir aux besoins du premier âge de son enfant.

CHAPITRE VI

LE LAIT DES FERMES

Nous venons d'examiner les effets des procédés de conservation sur le lait. Cet examen a été très rapide. En ce qui concerne l'ébullition, surtout, nous aurons à y revenir. Mais, demandons-nous maintenant dans quelles conditions sont produits les laits des deux premières catégories d'établissements que nous avons à étudier.

Nous n'avons pas voulu faire pour chacune un chapitre spécial. Ç'aurait été d'autant plus inutile que ces conditions sont les mêmes, avec ces seules différences que le lait des laiteries en gros n'est expédié qu'une fois par jour et que celui des laiteries particulières l'est deux fois. Il y a encore, dans quelques-unes de ces dernières, une plus rigoureuse application des lois de la zootechnie laitière et des procédés les meilleurs de l'industrie du lait. Mais ce ne sont là que des particularités de détail. Les grandes lignes, l'ensemble du régime et des procédés sont les mêmes; nous aurons bientôt l'occasion de le constater.

Personne n'ignore l'influence prépondérante des conditions de production sur la qualité du lait. C'est par là que nous allons pénétrer dans l'intimité de notre sujet.

Dans tous les pays où sont situées les fermes alimentant les laiteries en gros, la culture arable domine sur la prairie; mais celle-ci occupe, néanmoins, une part considérable dans l'exploitation agricole. Là, les vaches sont exploitées uniquement comme laitières, et dès que leur lait a acquis, après la parturition, les qualités marchandes nécessaires, on se débarrasse des veaux pour pouvoir consacrer, à la vente, tout le lait qu'elles produisent. Généralement, le colostrum disparaissant du huitième au dizième jour, on se trouve pendant deux semaines sans utiliser ce lait.

Dans ce cas, les vaches sont au pâturage un certain nombre d'heures, chaque jour, pendant la belle saison, et rentrent à la ferme à l'heure de la traite du soir. Elles passent ainsi la nuit à l'étable, quelle que soit la saison.

Tel est le régime de l'animal.

Ce régime montre que la base de l'alimentation est dans les fourrages; que ces fourrages soient à l'état vert ou à l'état sec. Il ne saurait comporter une base différente d'alimentation sous peine d'arriver à un prix de revient du lait trop élevé pour que le fermier ou le cultivateur puissent ensuite tirer un profit quelque peu rémunérateur de leur produit.

Même dans les fermes vendant directement leur lait au public, — sauf pour cinq ou six auxquelles l'extension commerciale permet une ration alimentaire plus solide, — il en est ainsi. Car, ces établissements ont des frais de loyer pour leur dépôt à Paris, de transport au dépôt et dans la ville, d'intermédiaires, — employés ou représentants, — qui, malgré l'élévation du prix de vente, ne laissent pas que de diminuer beaucoup les bénéfices et d'exiger, de la part du producteur, un prix de revient sensiblement égal ou très peu supérieur à celui du cultivateur, qui vend, à la laiterie en gros, un produit qu'il n'a qu'à récolter et à livrer chez lui, sans seulement se donner la peine de le transporter au centre de réception de la laiterie, puisque cette dernière vient le prendre à la ferme même, immédiatement après la traite.

Pourtant, malgré les assertions des chimistes allemands qui, comme Grouven et Emile Wolf, se sont occupés d'alimentation dite rationnelle, le mieux est de donner aux vaches une ration maximum, en tenant compte, bien entendu, de l'âge des sujets et des propriétés spéciales des aliments employés.

La loi de l'alimentation est, du reste, ainsi formulée par A. Sanson (1) : « Ce qui, seul, est acquis expérimentalement, c'est que les vaches à aptitudes égales, produisent du lait, en quantité et en richesse, proportionnellement à la quantité et à la richesse de leur alimentation : elles se conduisent à cet égard comme toutes les machines à transformation. »

Il est évident que cette règle n'est pas observée en général.

Certes, le foin et la paille doivent entrer pour une grande part dans l'alimentation des vaches laitières; mais il faut, à côté, un principe beaucoup plus nutritif.

Dans les fermes particulières, cette partie nutritive est ajoutée, en faible quantité, il est vrai, mais cette faible quantité existe presque dans toutes.

Les analyses du Laboratoire municipal vont nous montrer la comparaison très juste puisqu'elle repose entièrement et intégralement sur la loi de l'alimentation que nous venons de citer d'après le professeur A. Sanson, et nous permet de juger, par le lait produit, de la richesse des aliments donnés aux animaux :

(1) A. Sanson : *Traité de Zootechnie*, t. IV, p. 293.

TABLEAU A. — *Analyses faites au Laboratoire* 1881-1882-1883 *laits vendus*

NOM DE LA LAITERIE	Densité à 15°	Eau %	Extrait à 90° %	Caséine %	Beurre %	

TABLEAU B. — *Composition moyenne* (1) *de* 900 *laits analysés au laboratoire municipal.*

Eléments dosés	En grammes par litre.	En grammes °/° en poids.
Caséine.	34.00	3.30
Beurre.	41.77	4.06
Lactose.	47.96	4.66
Cendres.	6.37	0.61
Extrait à 95°	130.10	12 63
Eau.	899.50	87.37
Totaux	1029.60	100.00

Si nous comparons les chiffres d'extrait en grammes 0|0 en poids, puisque nous les avons dans les deux tableaux, nous voyons que, sauf deux fermes du tableau A, nous avons des chiffres notablement plus élevés que les 12 grammes 63 du tableau B. Et si, notamment, nous les comparons aux chiffres de la ferme d'Arcy-en-Brie où l'on applique bien les règles de la zootechnie laitière, nous voyons que, pour cette ferme, l'extrait est de 14 gr. 12, soit 1 gr. 49 de différence pour 100, ou près de 16 gr. par litres d'éléments solides.

Et, pourtant, le lait de la ferme d'Arcy n'est pas soumis

(1) Loc. cit. p. 349.

à la pasteurisation ou à une température élevée quelconque. On n'emploie que la réfrigération pour la conservation et le transport du lait. Or, des expériences faites au Laboratoire municipal nous montrent que :

« 1° La filtration (après chauffage et lors du mélange) produit une diminution insignifiante du poids de l'extrait, portant surtout sur la matière grasse et les sels;

« 2° Le chauffage, au contraire (avant la filtration), fait toujours croître la valeur de l'extrait; tous les éléments augmentent, mais l'accroissement se manifeste plus fortement sur les centres et la lactose (1). »

En sorte que la pasteurisation augmentant, par la condensation, la richesse en extraits, par litre, le lait des laiteries en gros devrait être plus riche que l'autre, à ration alimentaire égale en valeur nutritive.

Il est vrai qu'on peut objecter, pour l'addition d'eau, le *mouillage*, mais pour une diminution de 16 gr. par litres, il faut une addition de 12,30 d'eau pour 100. Et, si largement que soit pratiquée cette opération, je ne crois pas qu'elle aille, en général, jusque là, — cinq minutes d'ébullition augmentant, du reste, le poids de l'extrait de 2,50 pour 100, ce qui donnerait, en réalité, un mouillage de 13,46 pour 100.

De ces considérations, il ressort très clairement qu'en général la ration alimentaire est insuffisante.

Les aliments sont, du reste, les suivants : foin, luzerne, trèfle, verts ou secs selon la saison, paille d'avoine, un peu de betteraves, son en faible quantité et remoulage pour le barbottage.

(1) Loc. cit. p. 352.

Une remarque nous montre, du reste, que le lait ainsi produit doit être très aqueux, puisque les fourrages — surtout verts, — et l'eau, *sont* la partie d'autant plus considérable de la ration des vaches et que ces aliments sont tous très aqueux. C'est pourquoi le lait l'est aussi et se trouve très pauvre en extraits secs.

A côté de l'alimentation, les conditions d'habitation ont une influence très grande sur la quantité de lait sécrété par chaque vache.

Les établissements dont nous nous occupons sont tous situés dans des contrées où l'état hygrométrique est bon. Et l'on n'ignore pas que, quelle que soit l'aptitude individuelle de chaque vache, il est impossible de compter sur de forts rendements en lait si le climat est sec. L'expérience l'a prouvé maintes fois, malgré des soins pour ainsi dire parfaits, en Italie notamment, où des vaches de Hollande, les mieux choisies, surprenaient les éleveurs par la faible capacité dont elles faisaient preuve.

C'est ce qui a permis à A. Sanson de dire très-justement : « Au-delà d'un certain degré de chaleur de l'atmosphère, qualifié climat tempéré, il n'y a plus de vaches exploitables pour la laiterie, ainsi que nous l'avons vu en faisant l'ethnographie des races bovines (1). »

Cette température requise varie de 12 à 15 degrés centigrades, ainsi que l'observation courante l'a fait remarquer à tous les auteurs sérieux et compétents. Nous verrons plus loin les résultats obtenus par May à ce sujet; aussi, passerons-nous de suite aux conditions d'habitation proprement dites, après avoir remarqué que la température climatérique moyenne des pays dont nous avons à nous

(1) A. Sanson, *Traité de Zootechnie*, t. IV, p. 289.

occuper étant de 9 à 10 degrés centigrades, en moyenne, il est très rare que la température des étables dépasse les chiffres requis dans les fermes qui font l'objet de ce chapitre.

Les conditions d'habitation proprement dites sont moins observées, en général.

La disposition particulière des étables leur donne généralement l'éclairage nécessaire et les tient à l'abri des rayons solaires qui, outre la chaleur qu'ils apportent, présentent aussi des rayons chimiques qui impressionnent les animaux à la manière des plaques daguerriennes et servent d'éléments excitateurs, comme la température.

Seulement les soins de propreté ne sont que ce qu'ils sont dans toutes les campagnes, faibles, très faibles. On n'enlève le fumier que lorsque la paille a séjourné plus d'une semaine à l'étable et se trouve entièrement brûlée par les urines et les bouses des vaches. En sorte que l'atmosphère n'est pas saine.

Les soins corporels donnés aux bêtes le sont dans la même mesure ; mais mieux chez certains propriétaires qui, poussés par l'amour propre les nettoyent davantage lorsque les vaches vont aux champs.

Quant à l'aération, elle est entièrement nulle. Généralement — hors pour les fermes particulières, — l'étable n'a qu'une ouverture, une porte à deux battants qu'on laisse assez généreusement ouverte. Mais cette ouverture ne peut suffire à enlever les gaz odorants provenant soit du corps de l'animal, soit de ses déjections. Aussi, tout le lait produit en de telles conditions est-il d'autant plus altéré que ces gaz ont pu y pénétrer en plus grande quantité, lui communiquant l'odeur de la vacherie et amoindrissant sa qualité dans de fortes proportions.

Dans les fermes, les dispositions sont un peu meilleures

et dans quelques-unes des entreprises qui doivent faire le plus spécialement le sujet de ce chapitre les dispositions propres à l'aération et à l'éclairage sont admirablement observées, de même que les soins donnés aux animaux le sont d'une manière si intelligente et si complète que cet ensemble fait, d'entreprises comme celles de M. Hardon et de M. Nicolas, des entreprises agricoles modèles.

Il est encore une autre influence très importante pour la qualité du lait : c'est celle de la traite des vaches.

On s'est longtemps demandé quel procédé était le plus avantageux : celui d'une traite double ou d'une traite triple en vingt-quatre heures.

E. Wolf a voulu élucider scientifiquement cette question de manière à bien guider la pratique et l'amener dans la meilleure voie. Pendant onze jours, il fit traire une vache trois fois par jour et mesura le lait de ces 33 traites. Il obtint un total de 161 litres.

Pendant les onze jours suivants, il ne fit plus traire la même vache que deux fois par jour. Il obtint pour ses 22 traites 139 litres. En sorte que nous nous trouvons en présence d'une différence de 22 litres en faveur des trois traites quotidiennes, soit de 2 litres par jour.

Wolf avait conservé la bête dans les mêmes conditions, de manière à ce qu'aucune influence ne put modifier soit la quantité du lait produit, soit la qualité.

Aussi, en présence de cette différence de 2 litres, il se demanda si, par hasard, elle n'était pas le fruit d'un appauvrissement du lait, si on ne trouverait pas dans l'analyse une richesse en extraits inversement proportionnelle à la quantité de lait obtenue.

L'analyse comparative des deux laits lui donna les résultats suivants :

	Lait de 3 traites p. 100	Lait de 2 traites p. 100
Eau.	87.6	87.9
Beurre.	4.1	3.5
Caséine.	4.5	4.4
Sucre et sels.	3.8	4.2
Total	100.»	100.»

En sorte que non seulement, on obtient deux litres de lait de plus par jour ; mais encore on se trouve en présence d'une richesse en extraits plus grande de 0.3 pour 100. Certes, c'est là une faible augmentation ; mais elle n'en est pas moins d'autant plus à retenir que tout pouvait, au contraire, faire supposer une diminution de la richesse du lait en matière sèche.

Tout est donc en faveur des trois traites journalières.

Depuis, Rudolf Hoffer, dans le *Wiener landwir-thschaflichte Zeitung* (30 Jahrg, n° 101), a vérifié de nouveau ces résultats et obtenu 130 litres en deux traites par jour et 146, en trois, dans les mêmes conditions que E. Wolf.

Ce fait, du reste, reçoit de l'observation théorique une explication que la considération attentive de la manière dont le lait se produit dans le pis de la vache pouvait faire prévoir avant que l'expérience pratique ne l'eût signalée aux praticiens. Mais laissons le savant maître A. Sanson nous l'expliquer : non seulement sa parole est plus autorisée que la nôtre ; mais encore son explication est si complète qu'on ne saurait que la reproduire intégralement sous peine de lui ôter de sa lucidité :

« D'abord, on sait que la sécrétion mammaire, comme

celle de toutes les autres glandes analogues, est proportionnelle à la tension du sang dans les vaisseaux de l'organe. C'est pourquoi l'augmentation de la masse sanguine, par l'absorption d'une forte quantité d'eau, surtout lorsque cette eau ne peut s'échapper par les perspirations pulmonaire et cutanée, à cause de la saturation de l'atmosphère, en remplissant davantage les vaisseaux, l'excite à un plus haut degré. Cette tension des vaisseaux capillaires des culs-de-sac glandulaires est favorisée naturellement par la vacuité plus ou moins complète de ceux-ci. Quand ils sont remplis par le lait, et les conduits lactifères et galactophores avec eux, dès qu'ils sont distendus surtout, ce lait exerce sur la paroi intérieure une pression qui ne peut manquer de réduire le calibre des vaisseaux et d'y rendre moins abondante la quantité de sang qui les traverse dans l'unité de temps. Il arrive donc un moment où dans la mamelle distendue la sécrétion s'arrête tout à fait, après s'être ralentie, pour ne recommencer qu'après l'évacuation.

« Il s'ensuit que plus l'évacuation serait fréquente, plus la secrétion serait active, toutes choses étant égales d'ailleurs. Si les considérations économiques n'intervenaient point, le mieux serait donc de ne laisser jamais le lait séjourner dans la mamelle (1). »

Il résulte de ces considérations qu'aucun doute n'est possible sur le procédé le plus avantageux à tous les points de vue : c'est de traire les vaches trois fois par jour.

Eh bien ! si dans les entreprises laitières de Paris et de la banlieue, on ne fait que deux traites, dans les entreprises qui sont l'objet de ce chapitre, on fait, dans le plus grand nombre, trois traites par jour.

(1) A. Sanson, *Traité de Zootechnie*, tome IV, p. 305 et 306. Voir pour la sécrétion du lait, *le Lait*, par Claudius Nourry, p. 3, 4 et 5.

Mais résumons-nous.

Au point de vue général, les fermes particulières, outre que leur lait n'a pas, à cause d'une expédition plus fréquente, à subir autant de manipulations pour arriver à domicile que celui des laiteries en gros, les fermes particulières observent mieux les règles de la Zootechnie et dans quelques-unes ces règles sont d'une application sinon parfaite, du moins excellente, qui fait d'elles des établissements agricoles modèles.

Au point de vue de l'alimentation, nous trouvons, comme conséquence du régime et du genre de vie des animaux, un alimentation plus aqueuse que nutritive devant, dès lors, amener un lait plus aqueux que nutritif. Et à ce même point de vue, le régime alimentaire est considérablement inférieur dans les maisons qui alimentent les laiteries en gros.

Au point de vue des conditions d'habitation proprement dites, mêmes remarques que pour les conditions d'alimentation, avec cette différence que généralement ces conditions ne sont pas convenables à la production et à la qualité du lait sécrété.

Enfin au point de vue des traites, les règles de la Zootechnie sont généralement observées et, à ce point de vue, il y a identité complète, qu'on s'occupe des fermes alimentant les laiteries en gros ou de celles qui vendent directement leur lait au public.

Il nous reste à constater que ce dernier lait n'est soumis qu'à la réfrégiration pour lui permettre de subir le transport sans avaries apparentes, tandis que l'autre est l'objet d'une foule d'opérations qui changent sa nature intime, sa composition chimique, son goût, son odeur, en un mot toutes les qualités qui sont la raison unique de la bonté du lait.

Nous n'apprécions pas ici les effets de la réfrigération sur ce lait, l'ayant fait pour le lait en général, ce qui ne pourrait que nous amener à des répétitions. Nous laissons au lecteur le soin de se reporter à ce que nous en avons dit dans le précédent chapitre, lui faisant remarquer que, toutes choses égales d'ailleurs, le lait des fermes particulières vaut en général mieux son prix de vente que celui des laiteries en gros, se rapprochant davantage de l'état naturel quoique étant produit généralement par les mêmes sortes de vaches placées dans des conditions fort peu différentes quant à leurs effets.

CHAPITRE VII

LES VACHERIES DE PARIS ET DE SA BANLIEUE

Il existe trois systèmes industriels de la production du lait, — systèmes différents à cause des ressources plus ou moins bonnes qu'offre la contrée où on les exerce à celui qui veut tenter l'entreprise d'une exploitation laitière.

Une remarque très originale et que nous devons faire tout d'abord, c'est que ces trois systèmes sont si étroitement solidaires qu'on ne saurait comprendre l'existence des deux derniers sans celle du premier ni celle du dernier sans celle des deux premiers. Aussi bien, cette solidarité est imposée par la situation même qui est réservée à chacun.

Dans le premier système, en effet, — et c'est de beaucoup le plus répandu, — les vaches ont une double fin, la reproduction de l'espèce et la production du lait. Dans le second système, comme dans le troisième du reste, les vaches sont exploitées en vue aussi d'une double fin, la production du lait et la boucherie.

En sorte que ces deux systèmes puisent dans le premier les sujets qui leur servent de machines d'exploitation.

Dans ce premier système, l'entreprise se trouve généralement dans une atmosphère tempérée et humide très favorable à la bonne production du lait; seulement, le débouché manque et fait qu'au lieu de vendre le lait en nature, on le transforme en fromage et en beurre — formes sous lesquelles le produit, apte au transport et à une plus longue conservation, peut alors trouver plus aisément un centre de consommation. Cette forme, d'ailleurs, a, au point de vue de l'économie rurale, un autre avantage. Cette transformation du lait laisse des résidus, petits laits, laits de beurre, qui sont d'excellents aliments pour l'engraissement des porcs et des animaux de basse-cour ; sans compter que dans plus d'une contrée, ils servent, en outre, d'aliments à l'homme.

On trouve l'application de ce système dans les pays qui bordent la mer du Nord et dans le nord-ouest de ceux qui bordent l'Atlantique. On le trouve encore dans les pays renfermant des montagnes herbeuses au sommet ou dans les flancs desquelles des lacs tranquilles se sont creusé un lit. Ces pays forment ce qu'on pourrait appeler les zones fromagères du monde, car à eux *tous*, les duchés de l'Elbe, l'Ostfriesland en Dannemark, les Flandres, la Normandie, la Bretagne, l'Auvergne, la Suisse, ils produisent les fromages les plus universellement consommés dans le monde entier. C'est du reste, dans ces pays que se trouvent les meilleures races laitières ainsi qu'en quelques parties des îles Britanniques, telles que Jersey, le comté d'Ayr, le comté de Forfar avec la race d'Angus, les comtés de Norfolk et de Suffolk.

Là s'approvisionnent les agriculteurs qui usent des deux autres systèmes, soit que les vaches doivent, comme dans le second système étudié au chapitre précédent, être soumises au double régime de la stabulation et du pâturage ; soit que, comme dans le troisième cas, elles doivent être soumises au régime de la stabulation prolongée et constante.

Ce troisième système est celui des exploitations laitières

urbaines désignées sous le nom de vacheries, et il fera le sujet des pages suivantes.

§ I. — *Vacheries urbaines*

Les vacheries de Paris se trouvent presque toutes dans les quartiers annexés ; on n'en trouve en effet que 33 qui soient disséminées dans le centre de la ville.

Généralement elles sont dans des rues éloignées et établies dans des maisons aussi mal disposées que vieilles. Pourtant, les rues sont bien aérées et, depuis quelques années surtout, les conditions hygiéniques réclamées par les Pouvoirs publics relativement à l'aération et à la propreté sont observées. Il est, du reste, très clair qu'en présence de la concurrence que les nourrisseurs voient les laiteries en gros leur faire par le bas prix de leur vente — 30 et 25 centimes le litre —, il ne leur est, en général, pas possible de choisir pour y établir leurs vacheries des endroits passagers et des maisons neuves où le loyer les écraserait, avec cet inconvénient de plus qu'ils ne pourraient pas dans des locaux neufs prendre toutes les dispositions exigibles pour le bon exercice de leur profession.

Malgré ce choix de maisons où ils auront toute latitude pour prendre leurs dispositions convenables, ils ont généralement des loyers très élevés et ils sont souvent réduits à une exiguïté gênante.

Nous avons donné plus haut la description d'une vacherie par J.-B. Huzard, au commencement de ce siècle. Si, cette description était encore exacte en 1846 où M. Goubeaux dit en avoir vu une semblable à Vincennes, nous pouvons dire qu'aujourd'hui, il n'en est plus ainsi. Bien que n'ayant originairement presque jamais été destinées aux animaux qu'elles renferment, les étables sont pauvrement mais suffisamment bien construites. On les réserve entièrement à leur rôle, sans en faire, comme jadis, des réceptacles d'ordures et d'immondices. Les portes sont généralement larges et les fenêtres en assez grand nombre. De plus, chaque étable est munie d'un ou deux ventilateurs destinés à l'évaporation des gaz odorants venant des exhalaisons animales et des déjections. Les étables sont bien pavées, blanchies à la chaux au moins une fois par an. Des canivaux permettent l'écoulement des urines et donnent ainsi la facilité de laver les places réservées à cet écoulement au moins une fois par jour. La litière est généralement assez abondante. D'autant qu'elle provient de la litière des chevaux de maisons bourgeoises, bien souvent.

La plupart des nourrisseurs, en effet, joignent à leur industrie le commerce des fumiers.

Dans les fermes des départements voisins, Seine-et-Oise et Seine-et-Marne, Oise, Eure, Aisne, on n'a généralement — dans les parties les plus rapprochées de Paris, — pas de bestiaux. En sorte que Paris avec ses vacheries et celles de sa banlieue, produisant des fumiers qu'il ne peut utiliser, devient un centre d'approvisionnement pour ces contrées. Mais, comme les nourrisseurs ne pourraient suffire à l'approvisionnement, ils s'adressent aux cochers qui ne demandent pas mieux que d'être débarrassés du fumier de leurs chevaux et d'en tirer profit.

Moyennant 2 francs par mois et par cheval, le nourrisseur enlève le fumier des maisons bourgeoises. Les cochers pour peu qu'on leur « paye un verre » de temps en temps donnent ainsi, pour du fumier, de la paille presque pure, car, bien que faisant une abondante litière, ils la renouvellent assez souvent pour que la paille ne soit pas attaquée par l'urine des chevaux. Arrivé à la vacherie, on trie ce fumier de cheval. Ainsi on obtient une litière bon marché et l'on trouve par-dessus le marché un plus facile débouché pour le fumier.

Le fumier de vache est très lourd. Celui de cheval très léger. Le mélange des deux donne un poids moyen qui plaît mieux au cultivateur parce que sa voiture est plus tôt pleine et pèse bien moins. Certes, la richesse de l'engrais est bien inférieure ; mais c'est une question tout à fait accessoire pour le fermier qui croit que dès l'instant où il a mis une certaine quantité de fumier dans telle étendue de terrain, il a satisfait aux exigences des normes de la culture, et croit inutile d'aller plus avant dans l'examen de ce qu'il fait.

Du reste, les vaches, paraît-il, aiment assez l'odeur particulière au fumier de cheval. Et, de plus, on attribue à la paille qui en est retirée des qualités excellentes au point de vue de la salubrité de l'étable.

Ce commerce de fumier se pratique bien davantage dans la banlieue depuis que la préfecture de police dans l'intérêt de la salubrité des environs oblige les nourrisseurs de Paris à l'enlèvement de leur fumier tous les jours ou, au plus, tous les deux jours.

Le nourrisseur trouvait là, d'ailleurs, une source de bénéfices assez considérable. L'application des ordonnances de police exigeant l'enlèvement régulier, le nourrisseur ne peut plus, à Paris, vendre directement son fumier à un fermier qui ne l'enlèverait qu'une fois par semaine, deux fois très rarement, et, pendant les saisons des forts travaux agricoles, le laisserait parfois pendant trois semaines sans pouvoir le débarrasser.

Cette question des fumiers peut paraître oiseuse, à prime réflexion. Mais, elle a une importance indiscutable. En admettant qu'une vache — et c'est le minimum, — produise pour 100 francs de fumier par an, on voit que pour une vacherie de 20 vaches le nourrisseur tirait là 2000 francs, soit plus de la moitié de son loyer ou environ cette moitié.

Maintenant qu'il ne peut se soumettre aux conditions exigées par l'acheteur, il s'est créé une industrie nouvelle, celle des marchands de fumier, qui prennent le fumier aussi souvent qu'il le faut à la vacherie, mais ne le payent pas. Ils le revendent ensuite aux fermiers. Et la conséquence est pour le nourrisseur une perte considérable qui viendra certainement peser sur le prix de vente du lait.

Nous ne faisons que constater le fait parce qu'il touche aux conditions d'existence des vacheries. Les nourrisseurs ont protesté contre cette application rigoureuse des ordonnances de police. Ils ont eu tort. Le souci de la santé publique doit passer avant celui des intérêts pécuniaires d'une corporation, si importante que soit cette corporation. Et là, on n'avait pas à hésiter, puisqu'en se syndiquant, les nourrisseurs peuvent arriver à vendre directement leur fumier aux fermiers et, par là, réparer la perte très sérieuse que leur incurie leur vaut.

Nous venons de dire que les nourrisseurs devraient se syndiquer pour l'enlèvement de leurs fumiers. Il en est de même pour l'achat des matières alimentaires destinées à leurs animaux. Les grains, issues, et autres produits leur sont livrés à tous dans des conditions de prix très onéreuses par des intermédiaires qui, ayant tout le mal, doivent, en retour, avoir bien des bénéfices. Un syndicat intelligent aurait toutes ces matières à des prix inférieurs au prix d'achat des intermédiaires eux-mêmes parce qu'ils traiteraient pour une quantité plus grande et directement avec le producteur. Il leur suffirait que le syndicat possédât les moyens de transport de ces matières alimentaires ou simplement traitât avec une maison spéciale.

Au lieu de cela, chacun a, comme fournisseur, un intermédiaire quelconque et paye beaucoup plus cher — environ un quart — des marchandises de même qualité. A Paris surtout, où les droits sur les fourrages et sur les grains sont si élevés, il en résulterait pour l'industriel une diminution de charge qui réaliserait pour lui une économie de six à sept centimes par litre, rien que sur le chapitre des dépenses alimentaires destinées à la nourriture des animaux domestiques.

Mais, toutes les tentatives ont échoué dans ce sens, malgré les efforts très louables de quelques-uns d'entre eux.

Aussi, les conditions matérielles d'exploitation d'une vacherie à Paris sont des plus difficiles, et se traduisent par un loyer toujours considérable, un prix d'achat de toutes les marchandises nécessaires à l'alimentation des vaches beaucoup trop élevé et grevé de droits d'octroi écrasants ; sans compter les exigences de plus en plus fortes de la main-d'œuvre. Et c'est pourquoi le lait de ces établissements vendu 0 fr. 50 le litre, l'est sans bénéfice quand l'alimentation est riche et conforme aux règles d'une hygiène bien entendue et pour les animaux et pour les qualités du lait qui doivent en résulter.

Elles ont encore toute une série de frais que n'ont pas les marchands de lait stérilisé : ceux relatifs au transport qu'ils ont, du reste, à quantité à peu près égale, avec les fermes particulières vendant du lait garanti pur et non écrémé qu'on nomme le lait cacheté. Il n'est pas de nourrisseur qui n'ait, en effet, besoin d'un cheval, au moins, et d'une voiture, pour satisfaire aux exigences de la clientèle et de la concurrence inouïe et acharnée qui existe pour le commerce du lait.

§ II. — *Vacheries de la Banlieue.*

Les vacheries de la banlieue se trouvent dans des conditions d'existence beaucoup plus favorables que celles des vacheries de l'intérieur de Paris ; mais, aussi, elles sont l'objet d'un contrôle moins régulier.

Il en résulte un certain relâchement dans l'application des règlements de police qui se traduit par une bien moindre observation des conditions générales d'hygiène des animaux de ces vacheries.

D'abord, la propreté est moins grande, les soins moins sérieux ; les canaux d'écoulement des étables n'existent pas toujours ou sont lavés rarement. La litière, moins souvent renouvelée, produit une atmosphère moins saine. La ventilation est généralement insuffisante. Quant aux fumiers on ne les enlève guère qu'une fois par semaine, rarement deux fois.

Pourtant, le loyer est, en moyenne, moitié de celui des établissements urbains similaires : les droits d'octroi ne sont jamais supérieurs au tiers de ceux de Paris. Il y a des conditions économiques de production beaucoup meilleures. Seulement elles ne servent pas à grand'chose, puisque les locaux choisis sont plus défavorables et les conditions d'hygiène très inférieures. Ou plutôt elles servent à amener sur le marché un produit très inférieur, vendu 0 fr. 30, 35, 40 centimes, au plus, le litre, qui a l'avantage de tromper le public qui le croit de qualité meilleure, alors que cette qualité est moindre.

A ces avantages économiques, les vacheries de la banlieue en joignent un autre. La tolérance dont jouissent ces établissements au point de vue de l'enlèvement des fumiers leur permet de tirer profit de ce produit. Il en résulte, pour eux, un avantage de plus et un bénéfice plus grand.

Certaines de ces vacheries, mais en petit nombre, louent des terrains où croît, au printemps, une herbe chétive et rare, et, pendant la belle saison, elles y laissent leurs animaux. Les effets de ce régime ont été pour toutes si désastreux, que presque toutes ont dû y renoncer.

Aussi bien, si ces entreprises ont certains avantages, — de très nombreux avantages, même, — elles ont un grand inconvénient. L'endroit où elles sont situées est généralement une localité dont la population ne peut suffire à la consommation du lait produit, d'autant moins que ces établissements sont excessivement nombreux. Il leur faut, dès lors, chercher un débouché, et ils le trouvent à Paris. Mais c'est au prix d'un matériel de transport plus important et plus coûteux que celui des vacheries de Paris qui vendent bien davantage à la maison et ont beaucoup moins de livraisons à effectuer à domicile.

Il résulte même pour eux des conséquences assez difficiles pour le placement de leur produit. Et c'est pour cela, la plupart du temps, que le pauvre diable de nourrisseur erre, comme une âme en peine, de porte de concierge en porte de concierge, donnant à chacun de ces aimables fonctionnaires, d'abord, ce qu'il lui faut de lait par jour; puis, pour réchauffer leur zèle intermittent, et par-dessus le marché, aujourd'hui un verre à môssieu Pipelet, demain une douzaine d'œufs. Ainsi ils parviennent à se faire, de nos Cerbères grincheux, des auxiliaires exigents, certes, mais très utiles, qui arrivent à leur procurer une clientèle, plus ou moins aisée, leur payant le lait un des prix indiqués dans les premières lignes de ce paragraphe, le plus élevé possible. Et, cette exigence de leur situation, le temps pris pour les livraisons et pour la surveillance et l'entretien de la clientèle, tout cela n'est certainement pas étranger à la moindre surveillance de leurs étables et de leurs animaux.

C'est pourquoi, malgré les améliorations apportées depuis quelques années, les soins donnés aux animaux ne sont pas suffisants, les conditions de propreté, d'aération et généralement d'hygiène, ne sont pas observées. C'est pourquoi, enfin, nous avons pu, il y a trois ans à peu près, voir encore, à Clichy, une vacherie située près de la porte de ce nom, où la cour n'était qu'une mare de purin; les vaches, pleines de fumier, étaient couchées, non sur de la litière, mais sur du vrai fumier. Quant aux autres conditions d'hygiène, nous n'insistons pas : elles étaient à l'avenant.

CHAPITRE VIII

LE LAIT DES VACHERIES

Que les vacheries soient urbaines ou suburbaines, la base de l'alimentation est la même pour les animaux qui y vivent, et même est leur régime qui est celui de la stabulation permanente, puisque les vaches ne sortent généralement de l'étable que quand elles sont grasses, et, en cet état, vendues pour la boucherie.

C'est sûrement le reproche le plus souvent adressé aux vacheries, que celui de garder leurs animaux dans un état de stabulation permanente. On ajoute volontiers que les vaches ne voyant pas se renouveler l'air assez fréquemment, et étant, d'autre part, maintenues à une température très élevée de manière à activer la sécrétion du lait, ces vaches deviennent, en très peu de temps, phtisiques. En sorte que, dans de telles conditions, les vacheries sont réellement un danger pour la santé publique.

Nous verrons, dans le chapitre réservé aux épizooties, en quels endroits nous trouvons, d'après les statistiques officielles, le plus grand nombre de vaches phtisiques, et l'on pourra juger du bien fondé de cette assertion.

Essayons d'étudier le régime de la stabulation tel qu'il est pratiqué dans les vacheries. Mais, auparavant, remarquons que les bêtes, utilisées dans ces entreprises sont toutes *fraîches vêlées*, et que, de plus, elles sont toutes dans les conditians nécessaires à la production du maximum de la quantité de lait possible.

Ces bêtes, aussitôt achetées, sont attachées à l'étable au moyen de longes, soit par les cornes, soit par le cou. Elles n'ont pas à se déranger, une fois en cette situation. On leur donne des rations alimentaires variées dans des auges à leur portée. La traite finie, on leur apporte à boire, à leur place, un seau de barbottage et un seau d'eau pure. Cela fait, on renouvelle la litière, on nettoye l'étable, on les étrille, et ensuite elles se reposent jusqu'à la traite suivante.

Les étables ne sont que rarement, presque jamais, exposées au soleil, on n'a donc pas à craindre la mauvaise influence des rayons solaires, ni une chaleur excessive venant du fait de la lumière.

Cette dernière, malgré une aération suffisante, n'est pas non plus trop abondante et ne vient pas troubler la placidité de la vache. A ce point de vue, je crois que, nulle part au monde, la lumière n'est mieux distribuée que dans les vacheries de Paris, si, du moins, on s'en rapporte aux règles formulées par Sanson dans l'ouvrage que nous avons souvent cité dans le chapitre VI, — ouvrage généralement considéré comme le plus autorisé en la matière.

L'aération, à Paris, est meilleure que dans la banlieue ; nous l'avons dit déjà. Mais elle a cet avantage d'être pratiquée au moyen de ventilateurs, tandis qu'à la campagne l'aération n'est remplie que par les portes et les fenêtres, soit par des courants d'air. Les courants d'air sont, en effet, toujours funestes. Quand ils frappent le corps des vaches ils causent un refroidissement dont la conséquence est une diminution de la quantité de lait secrétée. Si, au contraire, ils frappent le pis de la vache, ils provoquent des inflammations mammaires, à la suite desquelles le lait se caille dans la mamelle : l'organe se trouve ainsi mis dans l'incapacité de remplir sa fonction, et, si, parfois des soins intelligents peuvent parvenir à guérir le trayon malade, ce n'est jamais sans une diminution de l'intensité de sa secrétion, sinon, il est à jamais perdu, au double détriment de l'animal qui en souffre et du propriétaire à qui il occasionne une perte très sensible dans la quantité de lait que l'animal fournissait auparavant.

Dans de telles conditions d'habitation, l'animal goûte la plus grande quantité de calme et de quiétude possible. Aucune dépense de force, en effet, pour se mouvoir, pour courir au milieu du pré, gambader tant que bon lui semble ; aucune dépense de force pour brouter toute une journée l'herbe, souvent rase, du pré, mais une vie calme, réglée, tranquille, où les seules forces dépensées sont employées à la préhension des aliments, à leur digestion et à leur assimilation.

Aussi, il est clair que toute l'alimentation est profitable à l'animal. Le mouvement ne vient pas en transformer et en consommer sous forme de force mécanique. Non, tout reste acquis et se transforme, soit en lait, soit en organes.

Ainsi, l'animal produit vraiment le maximum de lait et acquiert le plus rapidement possible le summum de son poids.

Et ces résultats, si l'animal a suffisamment d'aliments et une atmosphère suffisante et constamment renouvelée, ce n'est pas au prix de la santé qu'ils sont acquis. Ils le sont uniquement au prix de l'application d'une méthode intelligente et raisonnée. Et c'est si vrai que nous avons conservé à la vacherie de Villiers, rue Guersant, des vaches pendant trois ans dans cet état, et ces bêtes étaient justement toujours les plus florissantes au point de vue de la santé. Nous avons ainsi acquis, par l'expérience, la véracité des bons effets que nous avons vu produire à la stabulation, si décrié que soit ce régime d'élevage et de production laitière.

Mais il est évident que l'animal ne doit pas être, comme un reclus, entassé dans une place restreinte, mangeant peu et de mauvais aliments, n'ayant pour atmosphère que l'air jamais renouvelé de l'étable, — air que les miasmes dégagées par les malpropretés de l'étable viennent constamment vicier, rendre nocif; il est de toute évidence qu'au prix de ces résultats excellents il faut ne jamais ménager ses soins assidus et complets.

Il reste, néanmoins, une objection fondée sur ce régime. En admettant que l'air soit renouvelé, il n'en demeure pas moins que cet air est l'air de Paris, c'est-à-dire un air impur, vicié, et, certes, la vache en stabulation, à Paris, ne s'en trouve pas moins dans une atmosphère nuisible à la santé. Certes, cela est évident, mais cette influence est très faible et non sans remède.

A aucune époque on n'a mieux reconnu, qu'en ces temps derniers, les nombreux points de contact des médecines humaine et vétérinaire; jamais on n'a mieux remarqué l'identité de leurs méthodes de traitement et d'observation; jamais on n'a mieux vu que ces deux sciences, jusque là considérées comme très distinctes, n'étaient mieux semblables au point que, si elles n'en forment pas une seule, elles sont, du moins, deux parties complémentaires et égales de cette unique science : la médecine.

Eh bien ! passons des conditions réservées aux vaches à celles réservées à l'habitant de Paris. L'atmosphère n'est pas meilleure à l'homme, être faible et délicat, qu'à l'animal, être fort et assez peu sensible. Or, qu'observons-nous chez le campagnard arrivant à la ville ?

Au bout de peu de temps, l'homme se trouvant transporté dans un milieu essentiellement différent du milieu dans lequel il a jusqu'alors vécu, sent en lui des *malaises* et un réel dérangement. Il se soigne un peu, et aussitôt il recouvre la santé. Son organisme récalcitrant tout d'abord se forme à son nouveau milieu, au régime alimentaire essentiellement différent de celui auquel il était soumis précédemment. Et, à la seule condition de nettoyer de temps à autre, et selon le besoin, cet organisme dépaysé, l'homme arrive très vite à se porter aussi bien dans cette atmosphère nouvelle que dans celle où précédemment il avait vécu. En résumé à quoi faut-il attribuer ses dérangements ? Non à l'atmosphère puisqu'il ne s'aperçoit même pas qu'elle est mauvaise, mais à un changement de milieu, d'habitudes, de genre de vie, d'aliments ; à ce que l'organisme humain se trouve sans transition transporté d'un milieu dans l'antithèse de ce milieu !

Eh bien ! si l'organisme humain ne se ressent qu'à peine du changement d'atmosphère, si lui, l'être délicat par essence, voit cet organisme se plier promptement aux conditions nouvelles d'existence qu'un milieu nouveau lui impose, que penser de l'animal qui lui, notez bien ce fait, ne se trouve pas en présence d'un changement aussi radical ?

La vache, en effet, qu'elle provienne d'un établissement appartenant à l'un ou à l'autre des deux premiers systèmes de production laitière, se trouve pendant six mois de l'année, régulièrement chaque année, soumise au régime de la stabulation. Chaque mauvaise saison lui vaut ces six mois d'existence. Aussi peu à peu, elle s'y habitue et vers l'âge de sept ou huit ans, âge moyen des vaches de Paris, cette bête connaît ce régime. Elle ne saurait donc en ressentir d'autres effets que ceux inhérents au système d'alimentation. Pour tout le reste, l'organisme l'ayant subi ne saurait s'en émouvoir encore. Et quant à l'objection inhérente à une plus mauvaise qualité de l'air ambiant, il va de soi que si la délicatesse et la fragilité de l'être humain s'en ressentent à peine, la force et la vigueur de la bête doivent y être indifférentes, sinon entièrement, du moins presque absolument.

Surtout, que les vaches ne passent guère plus de neuf à dix mois dans les vacheries ; en sorte que ce temps ne leur apparaît autrement que comme un hiver de plus longue durée et que c'est là tout l'effet qu'elles en ressentent, puisque nos expériences ont prouvé que l'organisme s'y habitue si bien que les plus anciennes sont les mieux portantes quel que soit leur âge.

Donc la stabulation, en un cas semblable, où les frais écrasent l'industriel est un régime excellent si les autres conditions sont remplies.

Nous venons de voir que les conditions de logement proprement dit sont remplies, en général, surtout à Paris et que dans la banlieue, elles le sont beaucoup moins. Il en est de même des soins de propreté des animaux et des étables.

Passons aux conditions de température. Nous avons déjà dit que la température devait être comprise entre 12 et 15 degrés centigrades, nous basant sur les résultats obtenus par May. Voici ces résultats tels que Th. von Gohren les donne dans son ouvrage intitulé *Die Naturgesetze der Fütterung* (1).

(1) Th. von Gohren, Die Naturgesetze de Fütterung, p. 172.

Température de l'étable en degrés centigrades.	Consommé en dix jours : Foin	Consommé en dix jours : Eau	Lait produit	Variations du poids du corps
5°	251kg5	789kg5	150 kg.	— 11 kg.
12° 5	255 »	911 »	157	— 17 5
18° .75	253 »	896 5	153	— 16 5
15°	254 »	861 »	147 5	— 3

Il résulte de ce tableau que la température la plus favorable est comprise entre 12 et 13 degrés centigrades A cette température correspond la plus forte consommation d'eau et c'est là une influence prépondérante dans la quantité de lait secrétée. De plus, la ration alimentaire est à peine différente au point de vue du foin absorbé ; en sorte que l'influence de l'alimentation est absolument nulle et que la température a seule agi sur la sécrétion mammaire et sur la transformation des matériaux nutritifs absorbés en matière assimilable.

On constate que cette matière assimilable a été assimilée en quantité beaucoup plus grande que dans les autres cas puisque le poids de l'animal s'est trouvé augmenté de 17 kg. 5, alors que dans tous les autres cas, ce poids avait diminué. Quant à la production du lait si elle n'est pas la plus élevée, elle diffère du moins très peu, et on ne doit pas s'étonner de la voir légèrement inférieure à la plus élevée puisque une partie des aliments s'est transformée en organes et en chair, tandis que dans les autres cas non-seulement toute la matière nutritive servait à la production du lait, mais encore cette production s'exerçait aussi au détriment du corps de l'animal, son poids ayant diminué dans tous les cas.

Et l'on doit d'autant moins tenir compte dans le système que nous étudions de cette légère différence que, nous l'avons dit en commençant ce chapitre, le but poursuivi est double : la production du lait simultanée avec l'engraissement.

Cette règle n'est pas observée. Beaucoup de nourrisseurs — presque tous les nourrisseurs, même — l'ignorent en s'imaginant que plus la température est élevée plus la sécrétion lactée est active. Et, ainsi, à leur grand détriment, ils en viennent à maintenir dans leurs étables une température comprise entre 18 et 20 degrés. Il en résulte qu'à cette température une partie de l'eau absorbée s'élimine par les poumons et par la peau, et c'est autant de perdu pour la secrétion lactée. Puis, à cette température, la vache est dans des conditions moins agréables et la qualité du lait s'en ressent, en même temps que la quantité.

Il nous reste à examiner une dernière, mais prépondérante influence : celle de l'alimentation.

Le mieux est d'abord de nourrir les vaches au maximum ; cette première condition est assez bien remplie en général, et on ne tient pas dans les vacheries compte de l'alimentation dite rationnelle dont les chimistes allemands, parmi lesquels Grouven et Emile Wolf pour citer les plus importants, — ont fixé des normes variables selon la destination particulière au lait récolté dans l'entreprise laitière.

Seulement, on néglige la notion de relation nutritive qui devrait servir à la composition rationnelle de l'alimentation des vaches. Cette notion, les nourrisseurs, pas plus que les autres producteurs ne la possèdent ; et c'est la raison pour laquelle les rations n'ont généralement aucune coordination entre les quantités de substances nutritives qui entrent dans la ration alimentaire ; et cette ignorance se ressent à un manque correspondant de coordination des éléments du lait.

Il est vrai de dire que peu de nourrisseurs savent quelle est la composition normale du lait, que peu savent son rôle dans l'organisme et la fonction, dans ce dernier, de chacun des éléments du liquide qu'ils vendent.

C'est là une ignorance générale chez les marchands comme chez les consommateurs, — ignorance d'autant plus funeste que, dans une foule de cas, la connaissance en est indispensable. Le lait, en effet, offre cette propriété admirable d'être toujours un liquide complet ; mais l'homogénéité, amenée par une proportion quelconque et rationnelle selon l'usage du lait, l'homogénéité peut lui manquer. Or que permet l'alimentation des vaches ? De la rétablir en produisant, une vache étant donnée et produisant un lait d'une certaine composition, par une alimentation en rapport avec la composition naturelle, une coordination de ces éléments telle que l'aliment soit entièrement complet et renferme non seulement les substances indispensables à la constitution ou à la réparation de l'organisme affaibli, mais la quantité de chacune de ces substances nécessaires à la formation ou à la réparation des pertes de l'organisme humain.

Tel aliment, en effet, dont la richesse en telle substance est plus grande, produira un lait plus riche en matières azotées ; tel autre, un lait plus riche en sucre ; tel autre un lait plus riche en sels, etc.

Le rôle du producteur de lait est donc très clair. Il doit rétablir la proportion en amenant, par l'alimentation convenable, une richesse en éléments correspondante au chiffre de l'élément que l'animal secrète en plus grande quantité dans son lait. Dans tel autre cas, même, il faut à un malade beaucoup plus d'un élément que des autres. Si le nourrisseur, en particulier, le producteur, en général, connaissent les relations qui existent entre tel aliment et la composition du lait de l'animal qui absorbe cet aliment, il est évident qu'il pourra détruire l'homogénéité du lait et faire pencher la composition du côté de l'élément qui est surtout nécessaire au malade.

C'est là un rôle considérable. En médecine, on parviendrait à rétablir bien des malades si cette connaissance existait et permettait de donner à chacun un aliment en rapport avec son état, et, en quelque sorte, une quantité fixe, invariable, mathématique, de telle ou telle substance alimentaire plus nécessaire que les autres.

Cette connaissance n'existe pas, et il n'est pas un établissement laitier où le malade puisse trouver un aliment en rapport avec son état, faisant ici seulement une étude critique, nous ne traiterons pas de cette correspondance de l'alimentation et de la composition subjective du lait. Ce n'est pas notre domaine et nous devons le laisser à la zootechnie laitière, nous réservant de traiter ailleurs ce sujet dont l'importance est si considérable au point de vue médicale, mais qui demande trop de place pour que nous en puissions convenablement traiter ici.

Il est vrai de constater que le tempérament de la vache est le grand facteur de la composition du lait, en sorte que deux bêtes de même race produiront des laits où l'élément principal ne sera pas le même, bien que les conditions d'alimentation, de régime, d'habitation soient identiques. Il en résulte que pour obtenir le résultat que nous venons de préconiser, il faudrait pour chaque animal une ration spéciale, ce qui est loin d'être pratique et ne saurait s'appliquer qu'à des établissements tout à fait spéciaux.

Quoi qu'il en soit, la base de l'alimentation, dans les vacheries de Paris et de la banlieue, réside dans les aliments suivants : drèche solide ou liquide, foin, paille, son, betteraves pour l'hiver; et pour l'été : drèche, paille, son, herbe et fourrages verts.

A ces aliments principaux, nous devons joindre les les pulpes, les tourteaux, les remoulages, les recoupettes, les cosses de fèves, les féverolles, un peu de maïs, de carottes dans certaines maisons; enfin les fourrages artificiels et les regains.

Parmi ces aliments, il en est un surtout qui a fait couler des flots d'encre et provoqué bien des discussions : c'est le premier, la drèche, à laquelle on a reproché de rendre les vaches phtisiques et leur lait *phtisiogène peut-être et non nutritif*. (Lettre de M. Ch. Girard, chef du Laboratoire municipal de Paris à M. le Président de la Société de médecine publique et d'hygiène professionnelle, août 1882).

Cette lettre souleva à l'époque de véritables tempêtes et M. Boulet, de l'Institut, M. J.-A. Barral s'élevèrent avec une vigueur inaccoutumée contre des assertions trop légères.

La drèche, en effet, est un aliment très usité dans le nord de la France, en Allemagne, dans tous les pays où les brasseries existent en plus ou moins grand nombre. Elle produit là d'excellents résultats à cause de sa richesse en matières protéiques.

Seulement, dans ces pays, elle est consommée à l'état frais. Et même, sous cet état, elle présente, à cause de la forte odeur aigre qu'elle répand, une incommodité très grande. Cette odeur désagréable passe dans l'air environnant à un certain rayon et c'est pour les voisins un réel désagrément. Mais, la drèche a surtout l'inconvénient de transmettre au lait cette odeur aigrelette; et si le lait des vaches nourries avec de la drèche n'est pas de plus mauvaise composition que les autres, il est bien moins stable.

Cet odeur tient à l'asparagine résultant de la germination de l'orge et aussi à certains produits acides amenés par la fermentation. Cette germination doit certainement exercer une influence. Quand on fait cuire, en effet, des pommes de terre où les germes sont un peu sortis, il est aisé de remarquer l'odeur forte et désagréable qui en résulte pour la pomme de terre. Eh bien! cette odeur offre plus d'une analogie avec celle de la drèche et nous amène à penser que la germination est la raison principale de l'odeur de la drèche.

Quoi qu'il en soit, et quelle que puisse être l'influence qui agit dans la drèche, l'effet est palpable et certain. Il se traduit par l'odeur propre au lait *dréché* et par une instabilité beaucoup plus grande dans le lait obtenu avec l'aliment à l'état frais.

Mais, en général, la drèche n'est pas consommée sous cet état, — comme les pulpes d'ailleurs et les autres résidus de distillerie et de féculerie. — On la met au contraire dans des fosses appelées trous à drèche, par quantité très grande. Il y a pour le nourrisseur un réel avantage dans les prix et nous avons vu que les conditions économiques d'exploitation d'une vacherie sont des plus défavorables. Nul doute, donc, que ce procédé n'ait plus de succès. Seulement, là le résidu fermente. Chaque jour, on donne le dessus, qui est justement la moisissure produite par la fermentation. Et ainsi, au lieu de drèche, on donne un aliment fermenté qui n'est plus qu'un amas d'acides et de produits en fermentation. Il va de soi, qu'en de telles conditions, l'animal doit s'en ressentir. Il en est de lui comme de l'homme qui boit de l'alcool, peu à peu son intérieur se brûle et sa santé fléchit conséquemment.

Il faut donc employer cet aliment à l'état frais et dépouillé de ses acides. On l'a compris, il y a environ cinq ans, en mettant en vente des drèches pressées renfermées dans des tonneaux. Mais l'expérience a prouvé qu'au point de vue de la qualité ces drèches étaient inférieures aux autres parce qu'elles se trouvent dépouillées de leur eau. Or, l'eau qui entre dans le lait a été surtout introduite dans le sang par l'alimentation; les boissons en fournissent une quantité moindre pour l'assimilation. En sorte que la drèche qui est un aliment très aqueux perd, par la pression, sa qualité principale.

Quant à la drèche liquide, elle a l'inconvénient de renfermer une grande quantité d'acides et, à ce point de vue, n'est profitable qu'en très faible quantité employée surtout comme excitant des fonctions digestives de l'estomac.

De tout cela, il se dégage cette conclusion que la drèche ne peut être employée qu'à l'état frais; que sous cette forme elle communique au lait une odeur désagréable et le rend plus instable. Sous les autres formes ou elle perd ses qualités ou elle est nuisible à la santé de l'animal qui la consomme.

La lettre de M. Ch. Girard avait tellement ému le monde médical que non-seulement la Société de médecine publique et d'hygiène professionnelle avait nommé une commission chargée de l'examen des accusations portées contre la drèche; mais encore le Conseil d'hygiène et de salubrité du département de la Seine avait chargé le regretté docteur Ulysse Trélat d'un rapport sur les effets, dans l'alimentation des enfants, du lait provenant des vaches nourries avec de la drèche. L'éminent professeur n'aboutit pas dans ses recherches, et comme nous lui en demandions un jour la raison, il nous répondit que des causes nombreuses, au milieu desquelles l'influence de la drèche était insaisissable, agissaient sur ce lait. En sorte qu'il était impossible de déterminer les effets que l'on devait attribuer uniquement à la drèche, ces effets ayant une foule de sources plus ou moins vraisemblables.

C'est en effet, l'opinion la meilleure qu'on puisse porter sur le lait *dréché*, quand on a constaté, comme nous l'avons fait, les influences palpables de la drèche sur le lait.

Quant à l'accusation de phtisiogène, elle est purement gratuite, heureusement pour la population parisienne.

Ce que nous avons dit des drèches s'applique identiquement aux autres résidus, que ces résidus soit de brasserie, de féculerie, de distillerie ou de malterie.

Tant que ces résidus n'auront pas subi la fermentation lactique, ou ne la subiront pas, on les pourra employer sans danger ; mais seulement à faibles quantités et comme stimulants de la digestion. Sans cela, ils seront au moins aussi nuisibles que les drèches qui se trouvent dans le même cas de non-fraîcheur.

Le malheur est que, généralement, tous ces résidus sont consommés justement comme ils ne devraient pas l'être. On les consomme le plus souvent en état de pleine fermentation, et là ils sont dangereux pour l'animal et aussi pour le lait qui, sous leur influence, perd ses qualités de finesse de goût et d'odeur, de stabilité relative. Et pour conserver ce lait, le marchand se trouve dans l'obligation de pourvoir à une conservation artificielle. Là, comme toujours, c'est l'ignorance qui impose la fraude au marchand. Et dans le cas actuel, elle est presque obligatoire, eu égard aux effets désorganisateurs produits au sein du liquide par une acidité de sa masse, alors qu'au contraire le lait frais doit être alcalin.

Les tourteaux ont le même inconvénient. Ils communiquent au lait une odeur généralement désagréable. Il n'y a guère que ceux de palme, d'arachide, de sésame, de coton qui soient dépourvus des principes auxquels est due la mauvaise odeur du lait obtenu par un procédé alimentaire où ils entrent. Pourtant, les tourteaux de graines oléagineuses possèdent une très grande richesse comparée à leur bas prix. C'est la raison pour laquelle, bien qu'ils contiennent tous de ces principes immédiats qui communiquent au lait leur saveur, on ne craint pas de les employer. Il convient d'ajouter que cet emploi n'est pas général. Mais, il n'en est pas moins vrai que le lait obtenu avec ces produits doit être rangé, au point de vue de sa valeur intrinsèque et de ses qualités, avec le lait obtenu par une alimentation où entre la drèche. Les effets de ces aliments sont absolument identiques.

La betterave constitue un aliment excellent qui, à cause de sa grande richesse en eau, 80 p. 100, active la sécrétion lactée en fournissant au sang une quantité d'eau plus grande, eau que la sécrétion mammaire changera en lait. Certes, la valeur nutritive, 2 0/0, est généralement très faible et se trouve environ un tiers de celle du foin ; mais, dans une ration bien comprise, la betterave doit figurer uniquement pour le rôle qu'elle remplit. Elle contient du reste 10 pour 100 de sucre ce qui active encore la sécrétion, sans que ce soit au détriment de l'animal.

La partie nutritive d'une saine alimentation doit être représentée par le son de froment qui contient jusqu'à 16 pour 100 de matières protéiques. C'est l'aliment le plus sain et de beaucoup le meilleur. Il a en outre l'avantage de fournir au prix de 5 fr. 80, le kilogr. d'azote que dans la farine d'orge, préconisés, jusqu'à A. Sanson, presque exclusivement par les auteurs français, on paye, à valeur égale, 13 francs.

L'avantage du son est surtout d'être un aliment sain,

duquel on n'a jamais rien à craindre, car si les drèches, les pulpes de diffusion, les tourteaux ne présentaient leurs inconvénients particuliers, ils seraient des aliments presque aussi nutritifs. La drèche, en effet, fournit jusqu'à 15,5 de matières protéiques, les tourteaux 14 pour 100 en moyenne, et le prix de revient du kilogramme d'azote est bien meilleur marché avec ces derniers aliments : le tourteau de coton m'offre à 2 fr. 17, celui de sésame 2.98. Enfin, les germes de malt ou touraillons qui offrent 23,7 pour 100 de matières protéiques le mettent à 1 fr. 84.

Mais les inconvénients en défendent l'emploi très avantageux sans cela ; — trop avantageux même, puisque la consommation de ces substances va tous les jours en augmentant, en dépit de leurs dangers.

Les autres aliments sont des aliments naturels, il n'y a rien à en dire, car leurs effets ne sauraient qu'être excellents et pour l'animal et pour le lait.

En résumé, l'alimentation est très défectueuse, à cause des conditions économiques de production trop défavorables, et des exigences de la concurrence qui poussent les nourrisseurs à vendre généralement leur lait 0 fr. 35 et 0 fr. 40 le litre — très peu ont conservé le vieux prix de 0 fr. 50. Il leur faut, dès lors, des aliments bon marché. Ils usent de ses aliments malgré leurs inconvénients ; mais à leur détriment, car une alimentation de ce genre agit sur la santé de l'animal, cela est indubitable. On retrouve partout une ignorance absolue de la technologie du métier, alors que, si cette science est inutile ailleurs, dans les endroits où le lait se produit au moyen des ressources qu'offre la nature, — il faudrait justement la connaissance approfondie de la zootechnie laitière à tous ceux qui produisent du lait sans le secours de ces ressources naturelles, leur métier devant consister dans l'application rigoureuse des lois fournies par l'expérimentation et l'observation.

Au lieu de cela, nous avons à constater une ignorance funeste dont la conséquence se traduit par un lait de qualité généralement inférieure.

Mais procédons, comme dans le sixième chapitre, par la comparaison des laits des maisons où les règles de la technologie sont appliquées avec les laits des autres maisons — comparaison basée sur des analyses tirées du même ouvrage officiel. (Voir ci-contre tableau B).

TABLEAU A. (1). — *Traites effectuées à Paris, en présence de MM. les inspecteurs du Laboratoire municipal (mars, avril, mai 1882).*

Densité	Crème	% en poids					
		Eau	Extraits	Caséine	Beurre	Lactose	Cendres
1028	12	87.42	12.58	3.28	4.18	4.52	0.60
1020	11	85.93	14.07	3.08	4.32	5.32	0.75
1030	9	87.15	12.85	3.38	4.06	4.81	0.60
1021	10	86.89	13.11	3.34	4.16	4.95	0.66
1030	9	88.11	11.89	3.12	3.46	4.72	0.59
1030	8	89.79	10.21	3.63	3.34	3.65	0.59
1031	12	86.14	13.85	3.81	4.04	5.41	0.60
1031	10	85.80	14.20	3.58	4.74	5.18	0.80
1030	10	87.43	17.57	3.26	3.81	4.99	0.60
1031	7	87.96	17.01	3.31	3.22	4.99	0.59
1033	8	87.54	17.46	3.53	3.60	4.66	0.59

(1) Ce tableau A est composé des échantillons les plus intéressants du tableau des p. 338-339 des *Documents sur les Falsifications des matières alimentaires.*

Le tableau B est extrait de celui qui figure à la page 340 du même ouvrage.

TABLEAU B. — *Laiteries modèles vendant leur lait cacheté.*

Nom de la Laiterie.	Densité à 15°	Crémomètre	Eau °/°	Extrait à 90° °/°	Caséine °/°	Beurre °/°	Lactose °/°	Cendres °/°
Laiterie du champ de courses d'Auteuil.	1032	14	86.21	13.79	3.76	4.05	5.28	0.70
du Jardin d'Acclimatation.	1031	11	86.60	13.40	3.49	4.08	5.15	0.68
du Pré Catelain.	1033	14	85.43	14.75	3.58	4.86	5.37	0.75
Herbages de l'Ile St-Denis	1030	12	86.93	13.07	3.25	4.07	5.10	0.65
Vacherie suisse de Boulogne.	1030	11	86.67	13.33	3.51	4.04	5.08	0.70

Dans la tableau A composé de cinq échantillons, nous en trouvons :

2	ayant	14	au crémomètre.
1	—	12	—
2	—	11	—

Dans le tableau d'où nous avons extrait le tableau B, on trouve, au contraire, sur 38 échantillons :

4	donnant	12	au crémomètre.
1	—	11	—
18	—	10	—
10	—	9	—
4	—	8	—
1	—	7	—

La comparaison est à faire sur ces bases puisque le tableau A comprenant tous les établissements considérés comme modèles, nous devons le comparer au tableau correspondant entier. Comme ce dernier est très long, nous en avons extrait le tableau B pour donner une idée de la composition des échantillons.

Ces chiffres ne laissent aucun doute sur la valeur relative des laits analysés. Et si nous concluons, comme nous l'avons fait au chapitre sixième, de la composition du lait à la richesse de la ration alimentaire donnée à l'animal qui a produit ce lait, il est indubitable que l'alimentation générale des vacheries est très inférieure à celle particulière des quelques établissements considérés comme modèles.

Il en résulte que ce lait est inférieur, par conséquent.

Si maintenant nous comparons le degré crémométrique du lait des vacheries à celui des laiteries en gros, nous trouvons identité, 10 pour les vacheries et 10 pour l'analyse générale (1).

Il en résulte que la composition est de même richesse et que rien au seul point de vue des chiffres ne fait pencher la balance d'un côté plus tôt que de l'autre.

Mais, sortons de ce domaine, pour entrer dans celui de l'examen attentif de ces laits :

Le lait des vacheries est consommé dans son centre de production soit à l'état frais et naturel; l'autre a à subir les transformations qu'apporte en lui l'un quelconque des procédés de transformation.

Le premier est produit dans d'excellentes conditions d'habitation et de soin; le second dans des conditions d'habitation défavorables.

Le premier l'est par la double traite quotidienne; le second par la triple traite, ce qui est mieux pour sa richesse.

L'alimentation des vacheries est plus nutritive, mais les aliments ne sont pas sans inconvénients; l'alimentation des fermes est moins nutritive, plus aqueuse, mais les aliments sont naturels et dès lors sains.

En sorte que, sans les inconvénients du procédé de conservation, le lait des fermes serait le meilleur; mais ce procédé les change et fait qu'il n'est plus du lait. En sorte que le meilleur est encore le moins mauvais, le premier.

Il est un reproche que nous n'avons pas relevé à propos des vacheries, celui de contenir des vaches pour le plus grand nombre malades. Le sujet est très important et nous lui avons réservé les deux chapitres suivants.

(1) Loc. cit., p. 348.

CHAPITRE IX

LES ÉPIZOOTIES

Nous venons de dire qu'un des plus graves reproches adressés aux vacheries de Paris est communément que leurs vaches deviennent, toutes ou presque, phtisiques ou atteintes de maladies connexes de cette terrible affection.

Les étables de Paris sont bien, en effet, ravagées par ces terribles épidémies auxquelles on a donné le nom d'épizooties; mais ces maladies ne tiennent ni au régime auquel sont soumis ces animaux, ni à aucune de leurs conditions d'existence une fois arrivés à l'étable.

Tout ce que l'on peut en dire de certain, c'est que, comme toutes les épizooties, ce sont des maladies aiguës ou chroniques qui deviennent épidémiques sous l'influence de causes inconnues, lorsqu'elles se développent simultanément sur un grand nombre d'animaux

Rapides dans leur marche, effrayantes dans leurs symptômes, meurtrières dans leurs effets, elles attaquent souvent une autre espèce d'animaux, comme aussi elles peuvent avoir été transmises par des animaux d'une autre espèce avec lesquels les vaches ont pu se trouver en communication ou en contact.

Elles enlèvent souvent une grande partie des bêtes qui s'en trouvent atteintes, et, parfois, elles font leur moisson seulement en quelques heures.

Mais un fait bien établi, bien incontestable, c'est que si, originairement, elles peuvent naître dans certaines localités d'où elles parcourent successivement une étendue de pays souvent immense, jamais elles ne *prennent naissance* à Paris.

On peut en dire ce que disait la circulaire ministérielle du 20 mai 1884, à propos de l'une d'elles : la fièvre aphteuse. « C'est généralement par l'intermédiaire des animaux mis en vente sur les foires et marchés que l'épizootie se propage. » A Paris, surtout, où l'influence des mesures de police sanitaire dans les départements en favorisent la propagation, « cette propagation, dit la même circulaire, doit encore être attribuée à l'inobservation du règlement au marché de la Villette, ainsi qu'à la violation fréquente, par les compagnies de chemins de fer, des prescriptions relatives à la désinfection des wagons ayant servi aux transports des animaux. »

Mais, quelles que soient ces causes, le public, travaillé par des publications plus ou moins intéressées, ne peut se rendre un compte exact de la question. Il croit d'autant mieux les notes qu'il lit de temps à autre qu'elles sont portées à sa connaissance par des organes considérés comme des journaux très bien informés, très sérieux, passant avant tout pour défendre l'intérêt du public.

Aussi bien, comment pourrait-il juger, par lui-même, d'un procès dont, non seulement, il n'a pas les pièces sous les yeux, mais encore dont la situation, toute particulière, créée par des connaissances toutes spéciales et généralement réservées à un nombre restreint d'individus, échappe, par cela même, à sa compréhension et à son jugement ?

Il est certain qu'il ne peut que croire tout ce qui lui est raconté, quand même ce tout n'est qu'un tissus d'affirmations erronées, à moins qu'elles ne tiennent pas à une ignorance absolue du sujet chez ceux qui traitent de ces questions. Mais, jugeons-en plutôt par l'entrefilet suivant paru dans le *Petit-Journal*, du 20 août 1889, quelques jours seulement après une polémique entreprise entre le docteur Hanonic, dans le même journal, et M. Noël-Rouchés, dans le *Bulletin officiel du Syndicat des Laitiers-Nourrisseurs de Paris et de la Banlieue.*

« A la suite de l'article que nous avons consacré aux falsifications du lait, plusieurs de nos lecteurs nous ont fait remarquer que *la mauvaise qualité de ce liquide tient aussi à l'état maladif des bêtes enfermées dans les vacheries parisiennes.*

« *Privées d'air et de mouvement, les vaches contractent, dès leur arrivée dans les étables, les germes de la pthisie* qui fait des progrès rapides et qui force les nourrisseurs à envoyer, au bout de deux saisons au plus, les animaux à l'abattoir.

« Le Conseil municipal s'est occupé de la question l'an dernier, mais il n'a pas abouti, par cette raison qu'il existe des vétérinaires-inspecteurs de la salubrité.

« Malheureusement, ces fonctionnaires se bornent à constater le plus ou moins bon état de santé des bêtes au point de vue de l'alimentation parisienne, *et ils n'indiquent aucun moyen préventif de la terrible maladie.* Le Conseil municipal rendrait aux consommateurs, et surtout aux mères de famille, un service dont on lui saurait gré, en organisant *un service d'inspecteurs choisis parmi d'anciens éleveurs et agriculteurs qui posséderaient la pratique des animaux* et examineraient la bonne qualité des fourrages et issues achetés par les nourrisseurs.

« Ils auraient en plus, en faisant des tournées répétées dans les vacheries, à constater la quantité de nourriture donnée à chaque animal, à surveiller l'état de propreté des *étables et des récipients à lait*, enfin, à empêcher de *tirer parti de bêtes trop vieilles*.

« Le Conseil municipal est, paraît-il, saisi de la question, et nous espérons bien qu'il va trouver un moyen de diminuer, chez les enfants élevés au biberon, l'athrepsie, c'est-à-dire la diarrhée due au défaut d'assimilation des aliments par suite de leur mauvaise qualité. »

Il résulte bien de ces lignes que « les vaches contractent, dès leur arrivée dans les étables, les germes de la pthisie, et ce, parce qu'elles sont « privées d'air et de mouvement, » ce qui oblige « les nourrisseurs à envoyer au bout de deux saisons au plus, leurs animaux à l'abattoir. »

Les trois épizooties qui sévissent le plus à Paris, sur les bovidés femelles, sont la fièvre aptheuse, la péripneumonie contagieuse et la tuberculose.

Nous verrons plus loin les causes réelles de ces épidémies, voyons d'abord ce que valent les assertions précitées. M. Sanson, dont nous avons maintes fois déjà, dans cet ouvrage, cité la science autorisée et indiscutable, y a répondu, dans le *Recueil vétérinaire* de l'année dernière, à propos du rapport de M. Armand Goubeaux que nous avons déjà plusieurs fois cité, surtout au commencement.

Il s'agissait de la place réservée à chaque vache dans l'étable et du cube d'air à elle nécessaire pour que les fonctions respiratoires puissent s'exercer avec profit pour l'individu. M. Goubeaux, tout en reconnaissant que la largeur « de 1 mèt. 50 est certainement suffisante pour loger une vache dans une étable, mais à la condition que cette étable soit bien aérée et bien ventilée, » n'en demandait pas moins que cette place fut maintenue à 1 mèt. 60. Quant au cube d'air, il doit être, selon le même auteur, de 20 mètres cubes d'air respirable.

« Le but de la réglementation des vacheries n'est assurément pas, écrit M. Sanson, de préserver la santé des vaches, pour les vaches elles-mêmes, » mais uniquement d'éviter que les vaches « soient mises dans des conditions capables de produire du lait nuisible à la santé publique. »

Or, les certitudes acquises à la science, sur l'hygiène de la respiration montrent comme très contestable qu'une respiration « même insuffisante, » pourrait exercer, sur la qualité du lait, une influence nuisible.

Dans les pays de montagnes, la Suisse, l'Auvergne, la Savoie, en effet, les vaches « passent la longue saison d'hiver dans des étables aussi basses que possible où elles sont, à proprement parler, entassées. Elles s'y touchent toutes et peuvent tout juste se coucher. » Et pourtant, ces vaches sont « d'une constitution vigoureuse et d'une santé à toute épreuve. »

Et M. Sanson, pour bien montrer ce que valent les exigences des auteurs considérés comme classiques en la matière, relate l'expérience suivante qui explique très bien la raison pour laquelle cette influence de l'aération est secondaire.

Rettenkofer lui a montré, avec un dispositif expérimental particulier, « *qu'il s'établit régulièrement, au travers des parois des habitations, entre leur atmosphère intérieure et l'air du dehors, un échange constant par lequel cette atmosphère est sans cesse renouvelée, en telle sorte qu'on pourrait dire qu'elles respirent comme les animaux, tout au moins comme ceux-ci respirent par leur peau.* L'activité de l'échange est proportionnelle à la porosité des matériaux de construction de ces parois. Leur intensité ou le renouvellement de l'atmosphère intérieure, ou, enfin, si l'on veut, l'intensité de l'élimination de l'acide carbonique émis par les animaux, est, de son côté, proportionnelle à l'étendue de la surface de paroi. »

D'après Max Maerker, qui a fourni des indications précises sur les surfaces à donner aux murs des étables, d'après le nombre d'animaux qu'elles doivent renfermer les matériaux sont par ordre de porosité : 1° grès, 2° calcaire, 3° briques, 4° tuffeau et 5° pisé. Généralement, les vacheries sont construites en briques, ce qui permet à M. Sanson de dire qu'elles sont dans d'excellentes conditions, — conformes à ces faits et aux principes établis pour les besoins respiratoires des mammifères, — pour qu'on les puisse considérer comme satisfaisant entièrement aux exigences de l'hygiène.

Examinant alors les prescriptions établies par le Conseil d'hygiène d'après les bases posées par Max Maerker, l'éminent professeur de l'Institut agronomique montre que jamais ces bases scientifiques n'ont été outrepassées « dans celles des vacheries qui, par leur apparence d'entassement des pauvres bêtes, ont le plus excité le sentimentalisme de nos hygiénistes bénévoles ou officiels. »

Ces hygiénistes sont, du reste, fort malmenés par M. Sanson. L'un d'eux accusait les nourrisseurs d'entasser leurs vaches dans un air confiné, afin que maintenues par l'acide carbonique dans un état de torpeur, elles donnassent plus de lait. Il lui est répondu que pour faire une pareille assertion, il faut « ignorer la teneur en acide carbonique à partir de laquelle l'atmosphère commence à devenir gênante pour la respiration. »

Et plus loin :

« En prenant la décision visée sur l'obligation de réserver à chaque vache un espace de 1 mèt. 60 et un cube d'air de 20 mètres, le Conseil d'hygiène publique et de salubrité du département de la Seine est donc, faute de lumières spéciales, tombé, à tous les points de vue, dans l'erreur. A l'encontre des faits acquis par l'expérimentation rigoureuse, il s'est laissé égarer par les anciennes inductions dont l'absence de valeur a été bien des fois démontrée, et qui sont, d'ailleurs préjudiciables à la bonne exploitation zootechnique des laiteries. C'est conséquemment un simple devoir, dans le seul intérêt de la vérité, d'en appeler de sa décision à ce Conseil mieux informé.

« Cette décision, il ne l'a point motivée, à ma connaissance, du moins publiquement. Parmi les membres distingués et, assurément, on ne peut mieux intentionnés, qui le composent, *nul, je pense, ne serait en mesure de la justifier par des raisons vraiment démonstratives.* »

Cet article de M. Sanson serait à citer tout entier, car s'il est un peu dur, il est profondément vrai et est beaucoup moins agressif pour les membres du Conseil d'hygiène que ceux-ci ne l'ont été pour les nourrisseurs à qui M. Ch. Girard ne craignait pas de reprocher (nous l'avons vu dans le précédent chapitre) une *sophistication avant la lettre*, sophistication qu'il attribuait à une connaissance parfaite de ce qu'ils faisaient, alors qu'on ne peut reprocher justement, aux nourrisseurs, qu'une ignorance dont eux-mêmes (nous avons eu lieu de le constater plusieurs fois) sont les premiers à supporter les conséquences.

C'est là un côté curieux de cette question ; chez celui qui exerce l'industrie, ignorance de la technologie de son métier ; chez ceux qui, revêtus de toute l'autorité d'une consécration officielle de la science, — consécration justement méritée, on doit le dire, — discutent de ce métier, ignorance aussi grande de la question.

Je crois que là est la raison pour laquelle on n'a, jusqu'ici, pu aboutir à une solution indiquée pourtant, depuis de longues années, par le bon sens et la raison.

Car, comme le dit fort bien M. Sanson dans le même article :

« Quoi qu'il en soit des faits exposés, il suit à l'évidence que l'*hygiène publique*, en ce qui concerne les besoins respiratoires normaux des vaches laitières, *est absolument désintéressée* dans la construction et l'aménagement intérieur des vacheries urbaines, les exigences inévitables de leurs dispositions telles qu'elles s'imposent à ceux qui veulent les exploiter, suffisant et au delà pour que ces besoins soient toujours satisfaits, même en ne tenant aucun compte du renouvellement de l'air par les ouvertures, portes et fenêtres. »

Et elle l'est aussi, — absolument désintéressée, — en tout ce qui touche à l'alimentation et aux soins proprement réservés aux animaux, — nous l'avons vu en étudiant les influences qui agissent sur le lait des vacheries, — comme ces lignes nous le montrent pour ce qui est des conditions de logement et d'habitation.

Et qu'on ne s'imagine pas qu'il y a là de la part de M. A. Sanson un plaidoyer *pro domo suâ* que sa haute situation repousse d'elle-même ou un acte intéressé. M. Sanson nous explique pourquoi, il a écrit cet article :

« En raison de la spécialité de mes études, il m'a paru que je pouvais et peut-être que je devais l'établir scientifiquement. »

Et, en effet, tout homme de cœur, luttant pour la vérité, considère comme un devoir véritable de descendre dans la mêlée pour défendre cette vérité toutes les fois qu'elle est attaquée. Et c'est uniquement pour cela que M. Sanson est intervenu.

Il montre du reste l'inanité des règles classiques en ce qui concerne surtout les épizooties.

Opposant aux vaches des pays de montagnes, entassées l'hiver dans des étables très basses, et pourtant jouissant d'une constitution robuste et d'une santé à toute épreuve, ce fait d'une vacherie impériale, qu'il fut appelé à visiter en 1868, — vacherie établie d'après toutes les règles de l'hygiène classique, — il nous dit que toutes les vaches moins une de cette vacherie succombèrent à la phtisie. Et pourtant toutes les règles étaient observées !

Evidemment on ne doit pas en conclure que c'est à l'application rigoureuse de ces règles qu'est due l'apparition de l'épidémie. Ce serait une monstrueuse interprétation des faits, mais, on doit en retenir que cette application est impuissante à empêcher l'irruption dans une étable, d'une quelconque des épizooties.

La physiologie pathologique basée sur les démonstrations faites par les travaux de Pasteur, Cornil, Koch, Chauveau, Colin, Arlaing et beaucoup d'autres savants français et étrangers ne nous permet pas, d'ailleurs, de conserver le moindre doute à ce sujet.

Comme le dit fort bien M. A. Laquerrière, « l'*aura seminalis* a fait son temps et chacun sait aujourd'hui que la fécondation provient de la rencontre d'un spermatozoïde et d'un ovule; la gale est la maladie de l'acare; le sang-de-rate, le charbon symptomatique, la tuberculose, la morve, etc., sont autant de maladies dont chacune est produite par une graine spécifique. Supprimez cette graine, et la maladie ne saurait prendre naissance. S'il est impossible à la terre de produire un végétal sans semence, de même il est impossible, absolument impossible, à un organisme animal de produire une maladie contagieuse s'il n'a reçu au préalable l'imprégnation virulente.

« Ce sont là des vérités aujourd'hui couramment acceptées, vérités qui peuvent, au point de vue actuel de la physiologie pathologique, se résumer, pensons-nous, par les aphorismes suivants :

« 1° Toute maladie contagieuse résulte d'un ensemencement virulent; aucune d'entre elles ne saurait prendre naissance par voie de spontanéité morbide;

« 2° Le terrain organique restant le même, les effets produits sur ce terrain seront en rapport avec la quantité de virus ensemencé;

« 3° Ces mêmes effets, dans les mêmes conditions, seront également en rapport avec la qualité du virus ensemencé;

« 4° Le terrain organique présente des différences de réceptivité fort variables suivant les espèces animales, les races, les climats, la température et une foule d'autres causes plus ou moins faciles à déterminer;

« 5° Une première imprégnation virulente a de la tendance à préserver l'économie contre une atteinte ultérieure du mal. C'est là ce qui constitue l'*immunité;*

« 6° L'immunité ainsi obtenue, soit par la maladie véritable, soit par une inoculation préventive, se trouve elle-même subordonnée à la somme d'activité virulente mise en jeu. Cette *immunité* n'est donc que relative et elle permet encore des atteintes dans un temps plus ou moins éloigné et dont l'intensité pourra être plus ou moins accusée;

« 7° Les conditions hygides ou morbides dans lesquelles se trouvent les animaux, au moment de l'imprégnation virulente, exercent la plus grande influence sur la réceptivité ou l'immunité (1). »

(1) A. Laquerrière, vétérinaire sanitaire du département

En sorte qu'il n'est permis de conserver aucun doute sur les épizooties. Aucune ne naît spontanément ; mais toutes sont apportées par des *germes contages* qui se développent autant que l'animal est pour eux un milieu plus ou moins favorable.

Examinons les trois épizooties qui sévissent principalement à Paris, et voyons si leur lait présente quelque danger dans sa consommation.

I. — *Fièvre aphteuse*

Cette épizootie est plus généralement connue sous le nom de *cocotte*. Elle est presque toujours bénigne, mais elle est douée d'une extraordinaire puissance de propagation. Elle a sévi surtout en Normandie où elle causait un préjudice considérable aux propriétaires.

« Elle est peut-être, dit la circulaire ministérielle du 20 mai 1884 déjà citée, de toutes les affections contagieuses, celle qui a porté jusqu'ici le plus grand préjudice à l'agriculture. Dans des départements, elle a causé un dommage évalué à plus d'un million. »

Depuis, ses ravages ont été constamment en décroissant. Cette décroissance tient à une application plus rigoureuse des prescriptions de la législation sanitaire. Au début, en effet, d'après la circulaire ministérielle, les propriétaires et même les vétérinaires trouvaient les mesures de police sanitaire « inapplicables ou inutiles en matière de fièvre aphteuse. » Il n'est pas jusqu'aux autorités ellesmêmes qui semblaient négliger l'application de cette loi,

de la Seine, directeur du « *Répertoire de police sanitaire vétérinaire et d'hygiène publique.* » Livraison du 15 septembre 1887, p. 389 et 390.

alors qu'il avait pourtant « été permis de constater les heureux effets de ses dispositions, et que des départements, qui se trouvaient au centre des régions où la fièvre aphteuse sévissait avec intensité, ont réussi, par l'exacte observation des règlements, à préserver celles de leurs communes qui n'étaient pas en contacts immédiats avec les départements voisins. »

Cette circulaire rappelait l'autorité à « prononcer des peines sévères contre ceux qui ne se conforment pas à ces prescriptions. »

Les rapports de plusieurs vétérinaires-délégués signalaient cet état critique, celui de M. Philippe, vétérinaire de la Seine-Inférieure, entr'autres. « Les localités infectées, écrit M. Philippe, sont toujours les mêmes, et ces localités sont celles qui importent beaucoup d'animaux. Pour celles qui exportent, la maladie devient de plus en plus rare, par suite des efforts que déploie chaque administration départementale afin de s'en préserver. »

Effectivement, les agents les plus sérieux de propagation du mal sont les animaux, — et, parmi eux, principalement les porcs — qui ont voyagé en chemin de fer ou ont été mis en vente sur les foires et les marchés. Au début de ce chapitre, nous avons cité un passage de la circulaire précitée qui donne l'explication de ce fait dans la négligence des compagnies de chemin de fer et l'inobservation du règlement aux marchés, surtout à celui de la Villette.

Depuis, la loi a été rigoureusement appliquée et cette épizootie a tellement décru que le *Bulletin sanitaire des Epizooties* de février dernier ne signale sa présence, pendant ce mois, que dans une étable du département de l'Isère, alors qu'au moment de la publication de la circulaire ministérielle, nous avons vu, par l'estimation des ravages causés, combien la fièvre aphteuse sévissait avec violence,

résultats serait fort avancée. Il y aurait à étudier ensuite la conservation du virus à l'état de pureté (1). »

Tant que cette question de l'inoculation n'était pas résolue, on pouvait conserver des doutes sur la nature de l'affection péripneumonique, car si l'inoculation ne réussissait pas, ne donnait aucun résultat, cette nature était non contagieuse, mais bien spontanée.

C'est ce que pensaient beaucoup de vétérinaires, dont Renaud et Delafond ; c'est ce que pensait Bouley au début. Depuis, le programme, habilement et très bien tracé par M. Pasteur, a été exécuté de tous points, et l'inoculation pratiquée avec un succès tel, qu'il a fait trouver à tous les hésitants leur chemin de Damas.

Il est vrai d'ajouter que les constatations personnelles ont été pour une grande part dans ces conversions. Je n'en veux pour exemple que M. Pollet, vétérinaire départemental du Nord, qui, jusqu'à la publication de son rapport sur le premier semestre de l'année 1887, s'était montré *spontanéiste* convaincu. Ses observations sur l'évolution de la péripneumonie dans son département du Nord, sur la manière dont se répandait cette affection, la recherche, surtout, des raisons pour lesquelles elle étendait le cercle de son action plutôt qu'elle ne le restreignait, ont amené M. Pollet à nous montrer clairement d'où vient la contagion.

« Dans plusieurs endroits, écrit M. Pollet, nous avons vu coïncider la péripneumonie avec l'introduction récente d'un bétail étranger, bien que celui-ci ne parut pas malade, ni qu'il le devint. Ce sont les animaux les plus anciens de l'exploitation, ceux qui y étaient nés, qui ont

(1) *Archives vétérinaires*, année 1862.

contracté l'affection. Il est probable que les vaches, amenées depuis peu de temps, provenaient d'étables infectées. Elles ont pu être légèrement atteintes de la péripneumonie, en guérir par la force de leur constitution, et cependant conserver le principe du contage qu'elles ont dû communiquer. Je pense qu'on peut admettre cette explication de l'apparition de la péripneumonie dans les locaux que nous avons en vue, dans lesquels, chez les uns, la maladie n'avait jamais existé et chez les autres n'avait point reparu depuis plus de dix ans; car, s'il est vrai que la péripneumonie soit fonction d'un élément vivant, il serait impossible que sa contagion se développât sans que le microbe ne fût apporté. »

Et, en effet, il existe deux sortes d'animaux *guéris* de la péripneumonie. Ceux qui sont guéris *ad integrum*, c'est-à-dire d'une manière absolument complète. Et ceux chez qui un travail inflammatoire excessif a atteint un nombre de lobules pulmonaires plus ou moins grand avec une gravité telle que la réparation absolue des organes atteints n'est plus possible. Ces lobules atteints ne paraissent pas dangereux, mais leur présence détermine un *processus* inflammatoire sur la périphérie de l'animal et ce *processus* peut amener une nouvelle évolution du mal, comme aussi devenir une source d'infection qui communiquera, à tout ce qui l'entoure, les *germes contages* dont l'évolution chez les animaux voisins produira l'épidémie.

C'est la constatation de ces faits qui a permis à M. A. Laquerrière de résumer par les conclusions suivantes, dans un rapport sur la police sanitaire de la péripneumonie, présenté au grand conseil, au nom d'une commission composée de MM. Anne, Cescas, Duluc et Laquerrière, les considérations générales sur cette épizootie :

« 1° La péripneumonie est une maladie exclusivement contagieuse et non susceptible de se développer par voie de spontanéité morbide.

2° L'affection se propage :

A. — Par des bovidés importés en France.

B. — Par des bovidés provenant des départements ordinairement infectés.

C. — Dans les deux cas, la propagation se fait par des animaux possédant la maladie à l'état d'incubation, ou par des animaux possédant déjà la maladie à l'état latent.

D. — Ces derniers animaux infectent les bovidés avec lesquels ils sont en rapport sur les champs de foire ou marchés, dans les wagons de chemins de fer et, enfin et surtout, dans les étables où ils sont introduits.

3° En dehors de ces grandes lignes de propagation, la maladie s'irradie sur place ou dans le voisinage :

A. — Par l'air expiré par les malades et formant une atmosphère contagieuse autour d'eux.

B. — Par le mucus nasal ou les mucosités buccales susceptibles de souiller les aliments solides et liquides, les auges et tous les objets à l'usage des animaux.

C. — La maladie qui prend naissance dans une étable ou qui existe à l'état latent, fait d'autant plus de ravages que l'isolement des malades n'est pas toujours applicable et que la déclaration est plus tardive.

D. — Enfin il y a présomption que les habits des personnes, les fourrures des animaux qui pénètrent dans les étables, peuvent s'imprégner de virus et que, d'un autre côté, l'air atmosphérique peut également se charger de virus desséché ou non et le transporter à distance (1). »

(1) *Le Répertoire de police sanitaire vétérinaire et d'hygiène publique*, livraisons des 15 octobre, 15 novembre, 15 décembre 1889 et 15 janvier 1890.

Telle est l'opinion généralement admise sur ce sujet.

Cette constatation des faits a du reste été corroborée par les résultats qu'a produits l'inoculation des animaux contaminés.

Nous avons parlé en commençant ce paragraphe de la discussion qui eut lieu à l'Académie de médecine en 1881 au sujet de l'inoculation du virus péripneumonique.

Cette maladie très ancienne existait déjà au siècle dernier puisque J.-B. Huzard en parle dans les extraits que nous avons donnés de ses rapports publiés pendant la première République sur les vacheries de Paris. Malgré cela, soit qu'on ne voulut pas reconnaître le caractère contagieux de la péripneumonie, soit que l'idée ne soit venue à personne de prévenir cette épizootie par l'inoculation, ce n'est qu'en 1850 qu'on trouve la première tentative de ce genre, — tentative géniale due au docteur Willems, de Hasselt.

Se basant sur ce fait, non absolu toutefois, que les maladies virulentes ne se reproduisent pas ou tout au moins pas dans un temps assez rapproché, le docteur Willems inocula à des sujets sains la sérosité recueillie sur les poumons de sujets malades. Ces essais lui donnèrent des résultats positifs.

Depuis, le succès de ce procédé a été très exalté, comme aussi très dénigré, et on le conteste encore à l'heure actuelle.

C'est qu'à côté de succès très réels obtenus sur des animaux non encore atteints, l'inoculation ne fait qu'augmenter la puissance du mal quand l'animal inoculé ou est trop attaqué déjà ou se trouve avoir subi trop longtemps la contamination. Enfin, l'inoculation toute seule peut entraîner la mort de l'animal inoculé, même si cet animal est sain et si bien pratiquée que soit l'opération prophylactique.

Mais ce seul fait que l'inoculation accorde l'immunité à tout animal vierge de toute atteinte et de toute contamination, ce seul fait consacre l'opinion acceptée universellement sur la nature du mal et ne permet de conserver absolument aucun doute à cet égard.

Du reste les conditions dans lesquelles le virus doit être récolté, conservé et expédié, de même que la dose par laquelle on doit l'administrer sont absolument déterminées, avec autant de certitude que la technique même de l'opération.

Enfin, dans la séance de l'Académie des sciences du 16 septembre 1880, M. S. Arloing a pu présenter un mémoire sur la *détermination du microbe producteur de la péripneumonie contagieuse du bœuf*. En sorte que chaque jour nos connaissances en matière de péripneumonie augmentent; peu à peu, il est vrai, mais en présence d'une affection pareille, on n'a pas le droit d'être exigent.

Il n'est qu'un point sur lequel on n'avance pas, c'est celui de la diminution du mal qui règne toujours avec une égale intensité, en dépit des efforts du service sanitaire et du conseil des épizooties, en dépit des efforts faits par tous pour réaliser les judicieuses réformes de M. Camille Leblanc, qui passe à juste titre comme possédant le mieux ce sujet et la connaissance des situations économiques que crée cette épidémie.

A ce point de vue, il n'est pas étonnant qu'on n'ait pu aboutir; et je ne pense pas que toutes les mesures prises aient un effet de sitôt tangible et palpable. Dès que l'autorité s'immisce dans une affaire, quelle que soit cette affaire, elle effarouche le public. Et si raisonnable que soit cette intervention, si excellente qu'en soient, pour tous, les effets, le public qui n'aime guère à raisonner, n'étant pas raisonnable par nature, s'émeut. Il lui semble que cette intervention si libérale qu'elle soit est toujours fâcheuse et tracassière. En tous cas elle ne lui apparait que comme tyrannique. Et c'est pourquoi il ne faut pas s'étonner de voir qu'il a jusqu'ici essayé de s'y soustraire. Il l'essaye encore et tout porte à croire qu'il l'essayera toujours.

Et pourtant nulle loi ne devait être mieux venue que celle du 21 juillet 1881; aucune n'était plus protectrice des intérêts agricoles! Mais, voilà, en France, on n'a jamais aimé sentir la main de l'autorité et quand bien même elle est une main amie, la force de l'habitude autant que l'impulsion naturelle font qu'on la déteste.

Du reste, si les règlements et les lois ont pour but de préserver les voisins de la contagion, si de ce côté, les mesures prophylactiques sont excellentes, sur le terrain même où siège le mal, on n'avance pas du tout. Généralement, le mal n'est certain et suffisamment apparent que quand la fièvre péripneumonique est à son dernier degré. On entend bien tousser la bête atteinte de loin en loin, mais on ne peut diagnostiquer sûrement dès l'origine de l'épizootie, qui peut ainsi évoluer sans contrainte.

C'est ce qui permettait à M. Laquerrière de dire dans le rapport déjà cité, qui est à lire tout au long :

« Ce sont là, Messieurs, des questions assez complexes et dont l'étude est avant tout et surtout une affaire d'observation journalière. Ce n'est point, qu'on le sache bien, par de longs travaux de compilation qu'on fera le jour sur cette question comme sur beaucoup d'autres. La plupart des praticiens n'ont vu la péripneumonie que dans leurs livres : la plupart de nos auteurs n'ont étudié cette maladie que dans le silence du cabinet.

Dans de telles conditions, il est profondément regrettable de constater que l'étude de la péripneumonie soit encore, en quelque sorte, une étude à reprendre *ab ovo.* »

Cela nous permet de dire que la situation la meilleure serait évidemment de pouvoir suivre la maladie dans tous ses développements en ayant constamment les sujets sous les yeux.

Le vétérinaire se trouve dans une situation toute différente. On l'appelle quand il est trop tard, quand l'animal est perdu. Du reste, sa situation même ne lui permet pas de s'attacher à un animal contaminé ou atteint pour cette bonne raison qu'il ne les a pas sous la main et ne pourrait se les procurer qu'en en risquant le sacrifice ; et encore ne serait-il pas sûr de tomber sur des animaux chez qui les germes contages se développeraient sûrement ; en général, la moitié des contaminés survit à la contagion.

Toute autre serait la situation d'un agriculteur instruit, s'occupant lui-même de ses animaux et tenant un journal de l'observation quotidienne qu'il ferait de leur santé. De cette observation incessante pourrait mieux, pourrait sûrement jaillir la lumière sur les côtés obscurs si nombreux qui entourent la naissance de la péripneumonie contagieuse.

Retenons cette remarque, elle nous servira dans nos conclusions, car elle est très importante.

Il résulte de là que la péripneumonie, dans le département de la Seine, est apportée par contagion, et ne se développe jamais par voie de spontanéité morbide. Du reste cette épizootie règne aussi bien à la campagne que dans le département de la Seine et y cause tout autant de ravages de l'avis unanime des praticiens. En sorte que le lait, pour la péripneumonie du moins, ne présente pas plus de sécurité à Paris qu'en province comme il n'en présente pas davantage en province qu'à Paris.

Il ressort, en outre, qu'on a tort d'accuser le régime de la stabulation d'être la cause des épidémies qui sévissent sur la population bovine de Paris, puisqu'il en est absolument de même en province et que, de plus, c'est à la province uniquement qu'est due la contamination de Paris.

Il ressort, enfin, que c'est à tort que les journaux, comme les hygiénistes classiques, réclament instamment la mesure suivante que nous tenons à citer : « Examinons maintenant les dispositions spéciales qu'il est bon d'imposer aux nourrisseurs afin de garantir, autant que possible, l'innocuité du lait qu'ils fournissent à la population parisienne. Nous avons dit déjà que les vaches renfermées dans les étables urbaines n'en sortaient jamais ; voici une première réforme à ordonner. Il faudrait, d'après M. Goubaux, exiger que ces animaux fussent chaque jour, durant plusieurs heures, exposés en plein air (1). »

Nous avons déjà vu que cette prétendue réforme était si mauvaise quand les animaux ne devaient pas jouir d'un vaste et riche pâturage, que ceux qui l'avaient tentée s'en sont si mal trouvés qu'ils ont dû y renoncer. Nous n'insisterons pas davantage.

Il nous reste à examiner si le lait provenant des vaches atteintes de péripneumonie contagieuse est un lait pathogène.

Cette question a été soulevée, dès 1859, par M. Philippe Heu, observateur très consciencieux qui constata la mort de deux veaux nourris avec du lait de vaches péripneumoniques — mort amenée par la péripneumonie.

En 1885, les docteurs Dupré (de Longueval) et H. Lécuyer (de Beauvieux) ont attribué une pneumonie à forme infectieuse ayant amené la mort de deux enfants alimentés

(1) *Le Temps* du 21 septembre 1888.

avec un lait de vache péripneumonique à la consommation de ce lait. Ces deux formes de pneumonie sont, du reste, si peu caractérisées que leur diagnostic n'a aucun caractère différentiel ni sur le vivant, ni sur le cadavre de l'être qui y a succombé.

Enfin, en avril 1886, M. Eloire, de la Capelle, signale un malaise très caractéristique observé sur des enfants ayant consommé de ce lait, alors que leurs frères qui n'en avaient pas absorbé n'ont ressenti aucun effet.

Mais en décembre 1885, janvier, février et mars 1886, de nouvelles observations faites par MM. Randou, Mauclère et Laquerrière vont nous éclairer. D'un commun accord, ils avaient conclu à la présence d'une péripneumonie chronique chez une vache dont le lait avait servi à alimenter deux enfants morts depuis. Mais, M. le professeur Cornil à qui le cas fut soumis, pensa que cette vache péripneumonique « portait déjà très probablement à cette époque des lésions sérieuses de tuberculose. » De sorte que c'est à la transmission de cette dernière maladie qu'il faudrait attribuer la mort des deux enfants. M. Cornil se refusait, du reste, en examinant les symptômes, à croire qu'il y avait eu infection péripneumonique ; d'autant mieux que ces symptômes montraient « la possibilité d'une infection tuberculeuse dont la marche, comme cela a lieu le plus généralement chez les enfants, avait été relativement foudroyante. »

Ce qui donne une certaine vraisemblance à cette interprétation des faits, c'est que, au point de vue macroscopique, des îlots d'échinocoques ou de péripneumonie chronique, amenées par la péripneumonie contagieuse, ne sont pas parfois sans avoir une assez grande ressemblance objective avec les lésions de la tuberculose.

Quoi qu'il en soit, il ne paraît pas probable que cette

contagion existe ; et ce que l'on est en droit de penser c'est que la présence de la tuberculose a sans doute amené les accidents au moyen desquels on a conclu à la possibilité de la transmission de la péripneumonie par le lait.

Il reste une troisième épizootie : la tuberculose ; mais ses effets sont si néfastes qu'elle réclame un chapitre tout entier.

CHAPITRE X

LA TUBERCULOSE

« *Instructions au public pour qu'il sache et puisse se défendre contre la Tuberculose.*

I

« La tuberculose est de toutes les maladies, celle qui fait le plus de victimes dans les villes et même dans certaines campagnes.

« En 1884, année prise au hasard comme exemple, sur 56.970 parisiens décédés, environ 15.000 — soit plus du quart — sont morts de tuberculose.

« Si les tuberculeux sont si nombreux, c'est que la phtisie pulmonaire n'est pas la seule manifestation de la tuberculose, comme on le croit à tort dans le public.

« Les médecins considèrent à bon droit, comme tuberculeuses, bien d'autres maladies que la phtisie pulmonaire. En effet, nombre de bronchites, de *rhumes*, de pleurésies, de *scrofules*, de méningites, de péritonites, d'entérites, de *tumeurs blanches*, de lésions osseuses et articulaires, d'abcès froids, sont des maladies tuberculeuses, aussi redoutables, pour la plupart, que la phtisie pulmonaire.

9.

II

« La tuberculose est une maladie parasitaire, virulente, contagieuse, transmissible, causée par un microbe — *le bacille de Koch*. Ce microbe pénètre dans l'organisme par le canal digestif avec les aliments, par les voies aériennes avec l'air inspiré, par la peau et les muqueuses à la suite d'écorchures, de piqûres, de blessures et d'ulcérations diverses.

« Certaines maladies : rougeole, variole, bronchite chronique, pneumonie ; certains états constitutionnels provenant du diabète, de l'alcoolisme, de la syphilis, etc. prédisposent considérablement à contracter la tuberculose.

« La cause de la tuberculose étant connue, les précautions prises pour se défendre contre ses germes sont capables d'empêcher sa propagation.

« Nous avons un exemple encourageant dans les résultats obtenus pour la fièvre typhoïde, dont les épidémies diminuent dans toutes les villes où l'on sait prendre les mesures nécessaires pour empêcher le germe typhoïde de se propager.

III

« Le parasite de la tuberculose peut se rencontrer dans le lait, les muscles, le sang des animaux qui servent à l'alimentation de l'homme (bœuf, vache surtout, lapin, volailles).

« La viande crue, la viande peu cuite, le sang, pouvant contenir le germe vivant de la tuberculose, doivent être prohibés. Le lait, pour les mêmes raisons, ne doit être consommé que bouilli.

IV

« Par suite des dangers provenant du lait, la protection des jeunes enfants, frappés si facilement par la tuberculose sous toutes ses formes (puisqu'il meurt annuellement à Paris plus de 2.000 tuberculeux âgés de moins de deux ans), doit attirer spécialement l'attention des mères et des nourrices.

« L'allaitement par la femme saine est l'idéal.

« La mère tuberculeuse ne doit pas nourrir son enfant ; elle doit le confier à une nourrice saine, vivant à la campagne où, avec les meilleures conditions hygiéniques, les risques de contagion tuberculeuse sont beaucoup moindres que dans les villes.

« L'enfant ainsi élevé aura de grandes chances d'échapper à la tuberculose.

« Si l'allaitement au sein est impossible, et qu'on le remplace par l'alimentation au lait de vache, ce lait, donné au biberon, au petit-pot ou à la cuiller, doit toujours être bouilli.

V

« Par suite des dangers provenant de la viande des animaux de boucherie, qui peuvent conserver toutes les apparences de la santé alors qu'ils sont tuberculeux, le public a tout intérêt à s'assurer que l'inspection des viandes, exigée par la loi, est convenablement et partout exercée.

« Le seul moyen absolument sûr d'éviter les dangers de la viande qui provient d'animaux tuberculeux, est de la soumettre à une cuisson suffisante pour atteindre sa profondeur aussi bien que sa surface : les viandes complètement rôties, bouillies ou braisées sont seules sans danger (1). »

Tels sont les cinq premiers articles de ces instructions — articles qui sont à la fois le résumé du sujet de ce chapitre et la quintessence de ce que, après plusieurs journées

(1) Ces instructions ont été rédigées par la Commission permanente du Congrès pour l'étude de la tuberculose, composée de :

MM. Chauveau, professeur au Muséum, membre de l'Institut, *président*. — Butel, vétérinaire à Meaux, vice-président de la Société de médecine vétérinaire pratique. — Cornil, professeur à la faculté de médecine de Paris, membre de l'Académie de médecine. — Grancher, professeur à la faculté de médecine, directeur des vaccinations à l'*Institut Pasteur*. — Landouzy, professeur agrégé à la faculté de médecine, médecin des hôpitaux. — Lannelongue, professeur à la faculté de médecine, membre de l'Académie de médecine. — Legroux, professeur agrégé à la faculté de médecine, médecin des hôpitaux. — Leblanc, secrétaire général de la Société centrale de médecine vétérinaire, membre de l'Académie de médecine. — Nocard, directeur de l'École vétérinaire d'Alfort, membre de l'Académie de médecine. — Rossignol, vétérinaire à Melun, secrétaire général de la Société de médecine vétérinaire pratique. — Verneuil, professeur à la faculté de médecine, membre de l'Institut, — Villemin, ancien médecin inspecteur de l'armée, membre de l'Académie de médecine. — L. H. Petit, secrétaire général.

Elles ont été revues et approuvées par MM. Bouchard, Brouardel, Potain et Proust, professeurs à la faculté de médecine de Paris, membres du Congrès et de l'Œuvre de la tuberculose.

d'un laborieux travail, les savants les plus éminents savent sur la tuberculose.

On y voit que cette épizootie se transmet à l'homme par l'alimentation. Et c'est là une grosse question quand on songe aux énormes ravages causés par la tuberculose.

Mais, dans ces instructions, un article frappe quand on s'occupe de la question laitière, c'est le suivant :

« Si l'allaitement au sein est impossible et qu'on le remplace par l'alimentation au lait de vache, ce lait donné au biberon, au petit-pot ou à la cuiller, « *doit toujours être bouilli.* »

La conséquence, du reste, est officiellement et législativement consacrée, du danger du lait tuberculeux, par l'article 13 du décret du 28 juillet 1888.

« Art. 13. — La vente et l'usage du lait provenant de vaches tuberculeuses sont interdits. Toutefois, le lait pourra être utilisé sur place pour l'alimentation des animaux après avoir été bouilli. »

Cet article est juste et nécessaire à la sauvegarde de la santé publique. D'autant mieux que le lait, n'est pas seulement dangereux sous sa forme naturelle; mais il l'est encore sous ses autres formes, les fromages, le lait caillé, le petit lait qui conservent les germes tuberculeux.

Les expériences de M. Galtier l'ont prouvé. Voici d'ailleurs ses conclusions :

« Les germes de tuberculose que le lait de vaches phtisiques renferme, sont à redouter non-seulement quand ce produit est utilisé cru et sans transformation pour la consommation de l'homme et l'alimentation des animaux, mais aussi quand il est employé à la fabrication des produits que l'industrie laitière en tire habituellement. Ces germes se conservent dans le lait traité par la présure, dans le fromage, dans le petit lait, et peuvent rendre ces produits dangereux comme l'était le lait d'où on les a tirés. L'homme peut très vraisemblablement s'inoculer des germes de phtisie tuberculeuse en consommant soit du lait cru de vache phtisique, soit du lait caillé, soit du fromage frais, soit du fromage desséché ou salé, soit du petit lait préparé avec le lait des bêtes tuberculeuses. Les oiseaux de basse-cour et les animaux de l'espèce porcine, pour l'alimentation desquels on utilise dans bien des fermes le petit lait provenant de la fabrication des fromages, peuvent s'infecter à leur tour, quand, parmi les vaches laitières, il s'en trouve qui sont atteintes de tuberculose ; et il n'est point irrationnel de rattacher à cette cause un certain nombre de cas de tuberculose de la poule et du porc. En conséquence il est rigoureusement indiqué, non seulement d'éloigner de la consommation le lait cru des vaches phtisiques ou suspectes, mais encore de ne pas employer ce produit à la fabrication du fromage et du petit lait; il convient de le réserver exclusivement pour l'alimentation des animaux et de le soumettre préalablement à l'ébullition (1). »

Il ressort de cette exposition que le danger n'est malheureusement que trop loin d'être imaginaire, qu'il est d'une effrayante réalité.

Donc, comment l'animal, lui, contracte-il cette épizootie si funeste ?

L'ancienne école qui ignorait absolument la théorie de la contagiosité était persuadée que, comme toutes les maladies, elle prenait naissance par voie de spontanéité morbide.

(1) Note présentée à l'Académie des Sciences dans la séance du 9 mai 1887, par M. Dhauveaux: *Dangers de l'utilisation des produits tels que le petit lait et le fromage obtenus avec le lait de vaches tuberculeuses*, par V. Galtier.

On appelait cette maladie la pommelière et qu'on en juge plutôt par les lignes suivantes empruntées au « *Nouveau et parfait Vétérinaire* » :

« C'est une sorte de phtisie, de *pneumonie chronique* spéciale aux vaches et qui règne quelquefois sur elles à l'état épizootique.

« La pommelière a pour causes la mauvaise nourriture et l'insalubrité des logements. Les étables basses, humides peu spacieuses, où l'air ne pénètre que d'une façon insuffisante, où le fumier séjourne pendant des mois entiers, la nourriture qu'on donne aux vaches, qui se compose de la litière des chevaux, de son souvent fermenté, du résidu de brasseries, les eaux séléniteuses et froides dont on les abreuve, tout concourt à développer chez elles la maladie qui nous occupe.

« Hérissement du poil, sécheresse de la peau, toux d'abord rare, puis plus fréquente, faible, rauque, analogue à un ralement pénible, tels sont les premiers symptômes du mal. Bientôt la vache maigrit, le pouls s'accélère, les indigestions sont fréquentes, mais sans que les signes extérieurs durent longtemps ; enfin, un râle caverneux se fait entendre et la mort arrive en peu de temps.

« Ce mal est incurable ; il résiste à tous les remèdes connus jusqu'à ce jour. Prévenez-le en nourrissant les vaches d'une façon hygiénique et en les logeant dans des lieux convenablement aérés et bien tenus. Quant aux bêtes atteintes, vendez-les pour la boucherie avant que la pommelière ait fait des progrès. »

C'est avec intention que nous avons choisi cet ouvrage pour lui demander ce qu'il pensait de la tuberculose. N'est-ce pas le manuel, évidemment primitif, mais justement et à cause de cela populaire ? N'est-ce pas lui qui guide dans ses opinions la foule ignorante ?

Nous n'en voulons pas dire de mal, car qu'importe que, sur les points scientifiques, il soit très primitif, si par contre il rend de réels services? Or il en rend, nous en sommes certain. Aussi, si nous l'avons préféré d'abord aux recueils savants, c'est non pour en médire, mais parce qu'il donne là, dans ces quelques lignes, non seulement ce que le grand public en pense; mais, qui est mieux mais, qui est étonnant, l'opinion de plus d'un homme revêtu d'une haute situation dans le monde médical.

Nous avons, en tête du chapitre précédent, cité les aphorismes de M. Laquerrière sur les maladies contagieuses en général. Il semblerait que dans le monde savant on doit être suffisamment éclairé pour avoir une opinion réelle et juste de toute chose. Bien fou qui le croit! Car tous les jours nous voyons des hommes comme M. Ch. Girard, comme le Dr Auguste Ollivier, comme M. Goubeaux et plus d'un autre membre du Conseil d'hygiène et de salubrité, professer des opinions si semblables à celle du manuel populaire qu'on dirait simplement que c'est là qu'ils les vont puiser. Je ne crois pas pourtant que, hors de ces opinions, il n'y ait point de salut. Et la preuve, c'est que malgré la ténacité des notabilités que nous venons de citer, malgré leur acharnement à soutenir tous que la drèche est phtisiogène, sans compter le reste, malgré cela le jour se fait et peu à peu la vérité s'impose.

Mais enfin, n'a-t-on pas le droit de rester rêveur, quand on voit des hommes aussi intelligents, aussi éclairés, jouissant d'une considération acquise par de laborieux travaux, faire montre d'un tel aveuglement?

Il est bien vrai qu'il ne faut s'étonner de rien parce que tout est possible. Mais, néanmoins si blasé que l'on soit sur ce monde, il est des choses qui font tomber les bras, tant elles sont extraordinaires. L'autre jour n'entendions-nous pas un très obscur et très honorable député, M. Viger rapporteur de la loi sur les maïs dire à la Chambre dans sa séance du 2 juin dernier :

M. Viger rapporteur. — Il y a encore les laitiers-nourrisseurs de Paris qui sont venus nous dire : « Nous nourrissons 50,000 vaches et nous employons 60,000 quintaux de maïs. » Que doivent dire les agriculteurs des environs de Paris, qui louent leurs terres si cher, qui ont des frais si élevés et qui vendent leur lait à Paris, ce lait qui, si je me place ici au point de vue médical, est bien supérieur à celui des nourrisseurs de Paris dont les vaches sont phtisiques ? (Mouvements divers).

Oui, le docteur Toussaint, d'Argenteuil, a fait un travail sur les enfants élevés avec du lait de vaches nourries au moyen de drêches, et il a constaté que ces enfants avaient plus de maladies que les autres. (Interruptions au centre et à gauche).

M. Viette. — Voilà bien les médecins. (On rit).

Heureux M. Viger ! Hosannah ! soit à lui ! Songez donc, il vient de découvrir, tout d'un coup, sans doute en considérant le corps décharné de quelqu'un de ces pauvres cultivateurs des environs de Paris qui, la plupart ont au moins 5000 francs de rente, il vient de découvrir par une association d'idée bizarre peut-être (mais dans ce sujet tout n'est-il pas bizarre quoique compréhensible) que les vaches de Paris sont toutes phtisiques ! Accourez, hôtes ailés des buissons et des bois ! Accourez, vous tous, habitants de la terre et des cieux ! Et soyez tout yeux et tout oreilles, le divin génie de M. Viger a trouvé sa voie et il a parlé ! Que les échos répètent joyeusement son nom ! Heureux, trois fois heureux M. Viger, qui sans doute étudia le lait dans la contemplation d'un grain de maïs !

Voilà bien les médecins ! s'écriait M. Viette. Mon Dieu ! voilà bien tout le monde aussi.

Certes, MM. Girard, Goubeaux et A. Ollivier ont dû tressaillir d'une joie surnaturelle en lisant le discours de M. Viger, et je vois d'ici leur visage épanoui par le plaisir d'apprendre que le docteur Toussaint d'Argenteuil a fait un travail sur l'alimentation des enfants, — travail qui confirme leurs dadas les plus chers. Mais n'est-il pas étrange que là, où le Dr Ulysse Trélat, le maître éclairé et reconnu, ne peut conclure, un médecin qui doit, à en juger par les loisirs qu'il consacre à l'étude, n'être pas dévoré par une clientèle trop nombreuse, n'est-il pas étonnant qu'entre le savant éclairé et Tartempion, c'est aux élucubrations de Tartempion qu'on accordera crédit, alors que la vérité scientifique se trouve du même coup méconnue ?

Mais encore, que le public se trompe, je l'admets, que MM. Goubeaux et Ollivier nous disent qu'une mauvaise alimentation produise un mauvais lait, que la drêche surtout n'exerce pas une bonne influence sur ce produit, d'accord ; mais eux, membre du Conseil d'hygiène de la Seine, eux qui voient les rapports officiels, laisser s'accréditer cette erreur que la drêche et les autre aliments rendent les vaches phtisiques c'est inadmissible, parce que ces savants connaissent les chiffres officiels.

Et que nous disent ces chiffres ?

Au congrès de la tuberculose, deux notes ont été lues, l'une par M. Robcis, l'autre par M. Laquerriere, tous deux vétérinaires sanitaires du département de la Seine.

M. Robcis s'exprime ainsi :

« Dans mon service sanitaire qui comprend à peu près le quart du département de la Seine, j'ai fait, depuis quatre ans (juillet 1884 à juillet 1888), 290 autopsies de vaches laitières. Ces 290 autopsies m'ont permis de reconnaître que 9 animaux présentaient des légions phtisiques plus ou moins accentuées. C'est un chiffre assez élevé (presque 3 pour 100), mais il faut se rappeler qu'il se répartit en quatre années sur des animaux exclusivement consacrés à l'industrie laitière. Il devient même une proportion minimum en le comparant à la population générale des vaches laitières de ma circonscription. En effet, je trouve, chaque année, moins de 3 phtisiques, parmi les 3.200 bêtes bovines de mon secteur. A cet égard, je suis certain que, dans les vacheries de Paris, la tuberculose fait beaucoup moins de ravages qu'on est porté à le dire et à le croire dans le public. » (1)

Quant à M. Laquerrière, il est plus explicite encore, et constate des résultats encore plus rassurants :

« Autrefois, tous les hygiénistes et les médecins étaient d'avis que sous l'influence de la stabulation, de logements trop étroits, non suffisamment aérés, surchauffés intentionnellement, d'une alimentation forcée, les vaches de Paris et de la banlieue étaient condamnées à devenir phtisiques.

« Huzard, membre de l'Institut, ancien inspecteur des écoles vétérinaires; Bouchardat, et tout récemment M. Girard, directeur du Laboratoire municipal de chimie, ont professé ces mêmes opinions.

« Je n'hésiterai pas, un seul instant, à avancer que ces opinions sont absolument exagérées à notre époque :

« *Aujourd'hui, il est permis de soutenir que la*

(1) Robcis. *Existe-t-il dans l'espèce bovine une corrélation entre l'aptitude à la lactation et l'aptitude à la tuberculose ?* Note lue le 28 juillet 1888 au Congrès pour l'étude de la tuberculose.

tuberculose bovine est absolument l'exception et non la règle dans le département de la Seine (1).

« A cet égard, je ne saurais mieux faire que de rapporter les lignes suivantes empruntées au rapport général du Conseil d'hygiène et de salubrité du département de la Seine, année 1880 :

« Quant aux vaches parisiennes, lit-on dans ce rapport, elles sont actuellement dans des conditions d'hygiène bien meilleures qu'autrefois ; elles ont plus d'espace dans ces étables et deviennent rarement phtisiques, car les nourrisseurs les gardent dix-huit mois au plus et les livrent au boucher. »

« La note que vous a lue mon collègue, M. Robcis, constate également la rareté de la phtisie bovine dans le département. Sans m'attacher autrement aux questions que soulève la statistique de M. Robcis, je retiendrai seulement ceci : c'est qu'en quatre années, et avec une population bovine de 3.200 têtes qui se renouvellent, en moyenne, non pas en dix-huit mois, comme l'énonce le Comité d'hygiène, mais en douze à quinze mois, *il a rencontré seulement* 9 *vaches phtisiques.*

« Sur la population bovine de ma circonscription, population plus nombreuse, pouvant être évaluée à plus de 4.000 têtes et se renouvelant dans les conditions précitées, *je n'ai pu constater*, dans le même temps, *que* 6 *cas de tuberculose bovine.*

« Je dois m'empresser de dire que ces chiffres ne sauraient, à mon avis, vous apporter, dans le débat, d'autre valeur statistique que celle-ci : *le chiffre constaté des*

(1) Cette phrase est soulignée dans le travail de M. Laquerrière.

animaux tuberculeux est très faible dans le département de la Seine.» (1)

En sorte que M. Robcis trouve moins de 3 vaches phtisiques sur 1.000, et M. Laquerrière moins de 2 sur 1·000. Soit exactement : $\frac{3.200 + 4.000}{9 + 46} = \frac{480}{1}$, 1 vache, seule-sur 480, comme moyenne exacte.

Or, M. Duclaux, membre de l'Institut, directeur des *Annales de l'Institut Pasteur*, disait, dans la conférence que nous avons citée plus haut, conférence faite à l'*Association française*, le 22 mars dernier, « que les statistiques officielles nous donnaient une moyenne de 5 pour 100 de vaches tuberculeuses pour la France entière.

Et il ajoutait que dans les campagnes où n'existe pas de service d'inspection de boucherie, on pouvait, sans exagérer, dire que la moitié des cas n'était pas constatée; qu'en admettant (et c'est très raisonnable) qu'il n'échappe au contrôle qu'autant d'animaux qu'on en trouve y étant soumis, on arrive à ce chiffre effrayant de 10 pour 100, moyenne des vaches tuberculeuses pour toute la France.

Mais, bornons-nous aux décès constatés.

Nous avons ce tableau instructif en prenant pour base de comparaison, Paris :

Paris	1 tuberculeuse sur 480
France. . . .	24 tuberculeuses sur 480

(1) A. Laquerrière. *De la Prophylaxie de la Tuberculose d'origine alimentaire par la création d'un service d'inspection des vacheries industrielles.* Note lue le 31 juillet 1888 au Congrès de la tuberculose.

Oui, la tuberculose est, d'après les chiffres officiels, 24 fois plus répandue dans le reste de la France que dans le département de la Seine. Et remarquez que la Seine venait diminuer le chiffre total de la France, puisque sa proportion si faible entrait dans le compte total.

Que déduire de ces chiffres, sinon que les vacheries et le régime de stabulation et les vaches parisiennes ont été et sont l'objet de monstrueuses calomnies? Et, n'est-il pas évident que de tels chiffres sont si éloquents qu'ils se passent de tout commentaire? que tout commentaire ne ferait que déflorer leur énergique et indubitable constatation?

Aussi, c'est d'un œil tranquille que nous voyons venir et s'agiter les prophètes de malheur, tous ceux qui, à défaut d'une science réelle, détournent l'attention publique uniquement par leurs cris et par leurs lamentations, — seul moyen pour eux de se rendre intéressant, leur savoir ne le leur permettant pas.

Nous voilà bien loin du sujet primitif : Quelle est l'origine de la tuberculose?

Revenons-y, et voyons ce qu'elle est. Ce sera facile, maintenant que nous savons ce qu'elle n'est pas, maintenant que nous avons fait justice d'assertions absurdes autant qu'elles sont erronées.

Et d'abord, les instructions citées au début du chapitre nous montrent que c'est « une maladie parasitaire, virulente, contagieuse, transmissible, causée par un microbe : *le bacille de Koch.* »

Ce microbe se développe dès qu'il trouve un milieu favorable. Quant à la manière dont on le récolte, il suffit de se trouver dans un milieu contaminé pour qu'il se transforme sur vous. Du reste, les moyens de propagation sont si développés que MM. Spilmann et Hanshalter ont découvert que les déjections des mouches ayant séjourné auprès du sujet tuberculeux, renferment le bacille pathogène de la tuberculose.

On voit par là combien il est aisé de le rencontrer. Une fois qu'il a trouvé un milieu favorable, il produit une action localisée qui peut ne pas avoir de retentissement sur l'économie, et ne se déceler par la présence d'aucun bacille dans les muscles, le sang et les divers produits de sécrétion.

Mais si la misère physiologique de l'individu s'accroît, ou si des causes quelconques interviennent, il peut exercer son inflence sur le sujet tout entier en donnant lieu à une affection *totius substantiæ*.

Dans le premier cas, les parties atteintes seules sont contagieuses. Dans le second, le bacille passe dans les chairs, dans le sang, dans les produits de sécrétion, il les envahit, les rend pathogènes et se fait d'eux de nouveaux moyens de propagation, puisque ces parties servent à l'alimentation.

Mais il faut que l'organisme affaibli, débilité, le soit suffisamment pour présenter au bacille un milieu convenable, qu'il ensemencera et exploitera selon ses forces. Sans ce milieu, la tuberculose ne se déclare pas. Et de même, si débilité que soit l'organisme, elle ne se déclarera que si le bacille de Koch, pour s'y installer, a été introduit dans l'organisme par l'une quelconque des mille causes de contagion qui nous environnent et environnent tout être ici-bas.

Ce que nous venons de dire montre que le danger de contamination par l'alimentation est réel, Nous n'entrerons pas dans la discussion des expériences scientifiques faites, Il faudrait beaucoup trop de place pour cela et, d'ailleurs, cette discussion serait parfaitement oiseuse.

Le danger existe réellement, tout le monde en convient

et, si l'on discute encore, c'est sur son plus ou moins de gravité et sur les manières plus ou moins variées dans lesquelles il se déclare, afin d'arriver, en étudiant ces manières, à voir ce qu'il convient au juste de décider pour enrayer le mal, à voir quelles mesures prophylactiques il convient de prendre, puisqu'il nous faut employer le terme scientifique.

Mais si nous n'avons pas à entrer dans cette discussion, nous devons voir ce que valent les mesures prophylactiques adoptées et conseillées.

Pour les viandes, les mesures sont justes, car on sait à l'examen de l'animal, à son autopsie, comment il est atteint et l'on peut juger par là de ce qui peut être autorisé ou non pour la consommation. C'est affaire d'une légère expérience, bien que parfois le diagnostic soit difficile même après la mort de l'animal. Je n'en veux pour preuve que cette affirmation de M. Laquerrière :

« *Je profite de cette occasion pour dire que le diagnostic différentiel de la tuberculose, déjà si difficile, pour ne pas dire impossible, du vivant de l'animal, ne laisse pas que d'être encore très difficile dans un examen* POST MORTEM (1). Au point de vue ma-

(1) Je souligne intentionnellement cette phrase de mon Rapport : Elle résume l'opinion que j'ai avancée au *Congrès international de médecine vétérinaire*. Je crains cependant que ma parole, dans cette circonstance, ait mal rendu ma pensée. Je n'ai point voulu, un seul instant, méconnaître la facilité avec laquelle tout le monde peut diagnostiquer, sur le cadavre, certaines formes de tuberculose classique ; j'ai voulu seulement attirer l'attention sur ce fait, très fréquent dans la Seine tout au moins, dans lequel le *diagnostic devient impossible*, par cette raison que les lésions macroscopiques ne sont pas suffisamment caractéristiques. Les procédés de laboratoire permettraient assurément d'éclairer la

croscopique, des îlots d'échinocoques, ou de péripneumonie chronique, ne sont pas, parfois, sans avoir une assez grande ressemblance objective avec les lésions de la tuberculose. Seules, les colorations de lamelles obtenues par frottis, les colorations des coupes ou encore l'examen de cultures bien conduites, peuvent assurer un diagnostic rigoureusement scientifique (1). »

Du reste, la juste mesure, en cette affaire des viandes tuberculeuses a été donnée par le Dr Cornil, dans la discussion, au Sénat, de l'article 45 du projet de code rural actuellement en discussion. Nous empruntons au *Journal officiel* les paroles si autorisées du savant professeur :

« Ce que je viens de vous exposer, à propos de la phtisie, a fait l'objet des discussions de plusieurs congrès. Il y a deux ans, au congrès de la tuberculose, il avait été pris une décision trop rigoureuse contre la viande des animaux tuberculeux.

« Voici ce qu'avait décidé ce congrès de la tuberculose :

« Il y a lieu de poursuivre par tous les moyens, y compris l'indemnité, l'application générale du principe de la saisie et de la destruction totale pour toutes les viandes d'animaux tuberculeux, quelle que soit la gravité des lésions spécifiques trouvées sur ces animaux. »

question; malheureusement, la plupart des praticiens, y compris les vétérinaires sanitaires de la Seine, sont dépourvus de laboratoire. Dans ces conditions défavorables, le diagnostic ne peut donc être porté et la nature de la maladie reste ainsi définitivement méconnue. (*Note de M. Laquerrière*).

A. L.

(1) A. Laquerrière. *Rapport sur la police sanitaire de la péripneumonie*. Répertoire de police sanitaire et d'hygiène publique, 15 octobre 1889, p. 463.

« Cela était tout à fait draconien, mais le congrès a nommé une commission pour rédiger une instruction relative à la tuberculose, qui s'adressait aussi bien aux vétérinaires qu'aux médecins. Cette commission, dont j'avais l'honneur de faire partie avec MM. Chauveau, Nocard, Verneuil, Bouchard, etc., cette commission, dis-je, n'a pas été aussi affirmative que le congrès d'où elle émanait ; après avoir bien examiné, bien pesé tous les termes de son rapport, elle est arrivée à ne proscrire de l'alimentation que les viandes de bovidés atteints de tuberculose généralisée.

« C'est, messieurs, à cette conclusion que s'est arrêtée l'Académie de médecine ; elle a pensé qu'il n'y avait pas de danger à consommer la viande des animaux dont la tuberculose était restreinte, localisée à un organe comme les poumons.

« Il en a été de même dans plusieurs réunions savantes à l'étranger. »

Puis, plus loin, pour bien indiquer que de ce côté, dans les villes du moins où l'inspection de la boucherie existe, on peut, avec infiniment de facilité, conjurer entièrement le mal en laissant au vétérinaire inspecteur le soin de se prononcer :

« Je voudrais que le règlement prévu par l'article 36 du projet de loi spécifiât les cas dans lesquels la chair des animaux atteints des maladies ci-dessus pourra être livrée à la consommation ; ce serait une précaution pour que cette viande ne fût jamais livrée à la consommation sans avoir été parfaitement examinée, sans avoir fait l'objet d'un rapport du vétérinaire sanitaire et d'un certificat délivré par le maire.

« Il est nécessaire, il est urgent d'inscrire dans le règlement les conditions dans lesquelles le vétérinaire pourra donner un avis favorable à la consommation de ces viandes.

« Tel est, messieurs, l'amendement que j'ai l'honneur de proposer au Sénat, et je puis l'assurer, qu'en l'adoptant, on n'ira pas à l'encontre des prescriptions de l'hygiène ; d'ailleurs, la viande de ces animaux est toujours plus ou moins cuite ; elle est presque toujours chauffée suffisamment pour qu'il n'y ait même pas de danger dans le cas de tuberculose généralisée ; mais, par surcroît de précaution, il faut indiquer qu'on ne peut consommer que la viande de celles de ces bêtes dont la tuberculose est tout à fait localisée. J'assimile alors la consommation de cette viande à celle des animaux atteints de péripneumonie. » (*Très bien ! Très bien !*)

La question du lait n'est pas aussi facile à résoudre. Rien n'indique que la vache soit tuberculeuse, car quand on s'en aperçoit, il est trop tard.

Le plus souvent, en effet, les vaches et les bœufs atteints de tuberculose, surtout au début de la maladie, ne paraissent nullement malades.

On ne découvre les lésions qu'à l'ouverture des cadavres.

Je vous citerai, à ce propos, l'exemple du premier prix des animaux gras du concours de La Villette, il y a deux ans, qui était atteint de la tuberculose localisée aux poumons. L'amaigrissement ne s'observe qu'à la fin de la maladie.

Rien n'est plus difficile que le diagnostic de la tuberculose sur l'animal vivant, je n'en veux pour preuve que les conclusions du rapport suivant adressé au grand conseil des vétérinaires de France, dans ses assises de fin août 1889 :

Diagnostic de la tuberculose bovine.

Conclusions du Rapport de M. Mathis, *rédigé au nom d'une commission composée de MM. Guittard, Boissard et Mathis* :

1° « La tuberculose à son début ne peut être soupçonnée.

2° Quand les soupçons naissent de signes équivoques, le diagnostic peut être porté par l'examen des symptômes, des produits morbides et par l'inoculation.

3° L'examen des symptômes ne peut permettre le diagnostic qu'à une période déjà avancée de la maladie.

4° L'examen bactériologique des humeurs excrétées peut permettre le diagnostic de bonne heure, aussitôt que la dissémination des bacilles au dehors a commencé. Il donne promptement des résultats ; il doit être répété souvent chez un animal suspect. Le seul reproche qu'on puisse lui adresser, c'est qu'il nécessite des manipulations délicates.

5° L'inoculation donne des résultats positifs aussitôt que l'examen bactériologique ; ce moyen est le plus pratique, il y a donc lieu d'étudier son perfectionnement afin de le mettre à la portée de tous les praticiens. »

En sorte qu'on peut consommer du lait tuberculeux sans s'en douter, puisque rien dans l'animal ne trahit l'existence du mal. L'examen bactériologique du lait pourrait le déceler. Mais qui le fera ? le marchand ? le consommateur ? Ils sont aussi ignorants l'un que l'autre à ce sujet ! C'est pour cela que l'Académie a adopté cette proposition qu'on ne doit, par crainte de la tuberculose, consommer que du lait bouilli. Pourtant, au sujet du traitement de la phtisie, le docteur Grancher a écrit les lignes suivantes :

« Le lait est d'une grande utilité dans le traitement de la phtisie. Il peut être pris en plus des autres aliments, à la dose de 1 litre par jour ; ou bien on le prescrit à l'exclusion de toute alimentation et de toute médication. La quantité que comprend une ration suffisante est de 3 litres au moins, sans cela le dépérissement est inévitable. La graisse figure dans le lait pour 38 sur 1.000, le sucre pour 40 sur 1.000. Cette proportion de sucre, dans le cas d'alimentation exclusivement lactée, est insuffisante pour couvrir les pertes de l'économie en carbone : par contre les graisses sont en excès. Le lait, pauvre en principes hydrocarbonés, riche en graisse forme la base d'un régime gras. La dose de 3 litres, dit Sée, est une véritable ration d'engraissement. On a conseillé de prendre le lait à l'étable, ce qui n'est possible que dans certains cas spéciaux. Il aurait alors, outre ses propriétés nutritives, l'avantage de calmer la toux et d'exercer une influence sédative sur l'excitabilité névro-vasculaire. Jaccoud attribue en partie ces effets salutaires aux vapeurs ammoniacales dont sont saturées les étables. La ration de lait doit être répartie de différentes façons, mais, en général, la digestion se fait mieux quand on prend le lait par petites doses suffisamment rapprochées. Le lait de vaches est celui qu'il faut préférer. Le lait d'ânesse, malgré son antique réputation, est moins riche en graisse. Le lait de chèvre peut être conseillé, si le lait de vache provoque la diarrhée, mais, comme le dit Peter, le meilleur lait est celui que les malades digèrent le mieux. Les eaux alcalines, les sels alcalins, la glace, etc., que l'on ajoute au lait, pour le rendre plus digestible, n'ont qu'une utilité restreinte ; l'eau-de-vie est préférable. Quand l'intolérance est absolue, on peut additionner le lait de féculents, de pâtes, d'œufs, etc., qui ne nuisent pas à la cure lactée.

« On a essayé de substituer au lait, dans les cas où cet aliment n'était pas bien supporté, le Koumys et le Kéfir, qui conviennent plus particulièrement lorsque la faiblesse des malades exige en même temps l'emploi de l'alcool. Le Koumys artificiellement fabriqué contient : de 20 à 30 pour 100 d'alcool, de 6 à 13 pour 100 d'acide carbonique, de 7 à 9 d'acide lactique ; c'est une boisson acidule et cordiale qui, dès le deuxième ou le troisième jour, est facilement acceptée par les malades. C'est surtout lorsque la tuberculose, parvenue à la période de fièvre et de ramollissement, se complique d'une dyspepsie qui entrave à la fois l'alimentation et la médication, que le Koumys peut rendre d'importants services. Sous son influence, la fièvre diminue ou cesse, les forces et le poids augmentent et les phénomènes contingents de catarrhe ou d'inflammation disparaissent (Jaccoud) (1). »

Il en résulte que prescrire la seule consommation du lait bouilli, c'est enlever à la médecine un de ses plus efficaces médicaments contre cette même phtisie au nom de laquelle on le condamne, puisque c'est surtout naturel et frais trait qu'il rend de grands services.

Et, comment peut-on raisonnablement donner un tel conseil quand on a si peu d'agents sérieux pour combattre la phtisie?

C'est surtout, pour Paris, que cette mesure a été prise. La moitié des quatre secteurs nous fournit 15 vaches tuberculeuses sur 7,200, soit pour la totalité 31 sur 16.000,

(1) *Dictionnaire encyclopédique des sciences médicales*, t. 24, 2e série, p. 800.

soit 340 litres de lait pathogène sur 160.000! Réellement, le danger est bien mince, et comme le dit quelque part le Dr Rochard, on ne doit pourtant pas mourir de faim sous prétexte qu'on pourrait s'empoisonner, quand les risques d'empoisonnement surtout sont si faibles, une chance sur 480!

Nous avons vu plus haut les dangers du lait bouilli. Nous savons qu'il n'est plus du lait, mais une falsification réelle puisque la caséine ne donne plus les mêmes réactions chimiques.

Nous avons montré qu'il est moins digestible en nous basant sur les assertions de M. Duclaux, — assertions nous le répétons qui sont la base de sa *Chimie biologique* ou qui tout au moins lui servent à en étayer et à en édifier la partie la plus considérable et la plus neuve.

Ce fait du reste est confirmé par l'Académie de médecine elle-même que le professeur Léon Le Fort rappelait au souvenir de ses décisions antérieures lorsqu'elle adopta cette nouvelle conclusion pour la tuberculose.

L'Académie, en effet, avait toujours considéré jusque là le lait naturel comme plus sain que le lait bouilli. Elle ne s'est du reste pas contredite, et ceux qui soutenaient les conclusions nouvelles se sont contentés de dire qu'en face du danger présenté par la tuberculose, les inconvénients présentés par l'ébullition devaient être considérés comme étant sans conséquences.

Un seul, M. Vallin, directeur de la *Revue d'Hygiène*, a prétendu le contraire, se basant sur les expériences que M. Uhlig a faites à la Polyclinique de Leipzig, sous la direction de M. le professeur Heubner pour controler la méthode du professeur Epstein, de Prague (1). Cette méthode

(1) *R. Uhlig*. Recherches sur la nourriture des nourris-

consiste à laver d'abord l'estomac, et à ne faire avaler ensuite au nourrisson, seulement que du lait stérilisé.

L'expérience a porté sur 39 enfants malades (21 garçons et 18 fillettes) et duré du commencement de mai au commencement d'août 1887. 12 enfants souffraient de dyspepsie aiguë avec diarrhée dyspeptique, 20 de dyspepsie chronique avec troubles de la nutrition, 7 de choléra infantile.

Sur ces 39 enfants, 4 sont morts de maladies intercurrentes. Restent 35 enfants sur lesquels il y a eu 7 morts ; ce qui donne une mortalité de 20 pour 100, chiffre très inférieur à la mortalité moyenne que M. Uhlig adopte, celle qu'a fixée Varrentrapp, à Francfort, — mortalité qui est de 49 pour 100 environ. Ce résultat de M. Uhlig est magnifique, d'autant mieux que tous ces nourrissons ont eu des augmentations de poids normales, sauf 5 pour cent qui sont restés stationnaires ; résultat très significatif puisque précédemment et au commencement du traitement, tous ces enfants étaient malades.

D'abord, ces 5 pour 100 me laissent rêveur ? Pourquoi ne pas nous donner le chiffre au lieu d'aller chercher des nombres proportionnels.

Ensuite, consultons le tableau des décès amenés par les maladies des voies digestives, à Paris, pendant l'année 1887, chez les enfants de 1 à 5 ans, à la nourriture desquels le lait est employé et sert même de base d'alimentation : (1).

sons malades au moyen du lait stérilisé (méthode Soxhlet). *Jahrbuch f. Kinderheilkunde*, t. XXX, p. 83.

(1) *Annuaire de statistique de la ville de Paris*, année 1887, tableau de la mortalité de l'enfance de 1 an à 5 ans.

MALADIES de l'appareil digestif.	Sein.	Biberon	Garde.	Total.	Proportion °/° des enfants décédés.
Athrepsie	30	33	3	66	18.18
Gastro-entérite	2	16	2	20	5.51
Diarrhée.	9	24	1	34	9.37
Choléra infantile	3	14	1	18	4.96
Carreau	»	1	»	1	0.27
Total	44	88	7	139	38.29

Ce tableau nous montre 88 décès sur 139 par l'alimentation au biberon, soit par le lait. Nous avons vu dans les chiffres que nous avons donnés pour la consommation du lait, qu'on consomme à l'heure actuelle 2 litres de lait des laiteries en gros, soit de lait stérilisé pour un litre de lait des vacheries, soit de lait non stérilisé. En sorte que nous pouvons rapporter sur 88 décès 66 décès au lait stérilisé, sur 139, soit 1 sur 2. Ces chiffres pris à Paris, montrent ce que vaut pour nous le résultat obtenu par M. Uhlig, en Allemagne.

Quoi qu'il en soit l'ébullition présentant de graves inconvénients, que faire rationnellement pour lutter contre la tuberculose ?

Simplement appliquer l'article 13 du décret de juillet 1888 interdisant la vente du lait tuberculeux, en y ajoutant des dispositions pénales suffisantes et convenables.

Le producteur, je le sais, ignore si son lait est pathogène ou ne l'est pas. Nulle part, il ne peut apprendre à l'étudier. Qu'on remanie l'organisation laitière actuelle. Qu'on mette le producteur à même d'avoir les connaissances requises par un souci très justifié et très légitime de la santé publique pour exercer son industrie et vendre des produits sains.

On pourra ainsi consommer le lait sous sa forme naturelle qui est la plus saine.

On pourra ainsi conserver dans le lait naturel et frais trait un excellent auxiliaire de la médecine dans la lutte de cette dernière contre la phtisie humaine.

On n'aura pas à se soucier inutilement de l'hygiène des vaches et de leurs épizooties, la première des obligations pour un producteur étant de se conformer à toutes les règles de l'hygiène, d'exercer sur son troupeau une surveillance incessante qui lui permet de se rendre compte de sa santé et dans le cas d'un animal épizootique, d'agir conformément encore à l'hygiène.

C'est la première de ses obligations parce que ses intérêts sont d'accord avec l'observation de ces règles et sont lésés toutes les fois et en la même proportion que ces mêmes règles sont inobservées.

C'est pourquoi on aurait toute sécurité. La surveillance, c'est beau ! Mais rien ne vaut pour guider l'homme en ses actions, et rien ne vaudra jamais l'intérêt personnel.

CHAPITRE XI

LA LÉGISLATION SANITAIRE

Nous avons vu dans les deux précédents chapitres que les épizooties tombaient sous le coup de la loi du 21 juillet 1881 et du Décret complémentaire du 28 juillet 1888 loi et décret dont nous avons dit alors tout le bien qu'ils méritent.

Nous avons dit aussi que les propriétaires d'animaux faisaient tout leur possible pour ne pas se soumettre à ces lois, qui pourtant accordent pour tout animal abattu et réellement atteint, une indemnité qui atténue dans une large mesure la perte subie par le propriétaire du fait de l'épizootie.

Comment s'expliquer cette résistance à une loi si protectrice des intérêts agricoles, si paternelle, on doit le dire, qu'elle a sauvé de la ruine des milliers d'agriculteurs pendant seulement ces neuf dernières années — durée de son application ?

Je crois que là surtout on voit bien la vérité de ces paroles du Dr Jules Rochard :

« Lorsqu'on veut passer de la théorie à la pratique et réaliser les réformes que réclament les hommes de science on se heurte à des difficultés de tout genre, parce qu'on marche sur un terrain qui n'est pas suffisamment éclairé. Les préjugés, les erreurs, les résistances inintelligentes se rencontrent à chaque pas et viennent entraver l'action bienveillante des autorités (1). »

Au début, surtout, se manifesta, dans l'industrie laitière, une extraordinaire opposition aux dispositions législatives. On ne se rendait alors pas du tout compte de leur haute portée et elles n'apparaissaient aux intelligences ignorantes ni plus ni moins que comme des instruments de tyrannie mis à la disposition de la Préfecture de Police déjà si détestée.

Ce qui donna surtout crédit à cette opinion c'est que les services sanitaires dépendaient de la deuxième division de cette Préfecture.

On ne voulut, du reste, y voir que les dispositions pénales et le contrôle sévère de l'autorité sur les vaches malades et les étables qui les contiennent — dispositions que voici du reste :

« 3. — Tout propriétaire, toute personne ayant, à quelque titre que ce soit, la charge des soins ou la garde d'un animal atteint ou soupçonné d'être atteint d'une maladie contagieuse, dans tous les cas prévus par les articles 1er et 2, est tenu d'en faire sur le champ la déclaration au maire de la commune où se trouve cet animal.

Sont également tenus de faire cette déclaration tous les vétérinaires qui seraient appeler à le soigner.

L'animal atteint ou soupçonné d'être atteint de l'une des maladies spécifiées dans l'article 1er devra être immédiatement, et avant même que l'autorité administrative ait répondu à l'avertissement, séquestré, séparé et maintenu

(1) Dr Jules Rochard. *Traité d'Hygiène sociale*, Paris, 1888, préface.

isolé autant que possible des autres animaux susceptibles de contracter cette maladie.

Il est interdit de le transporter avant que le vétérinaire délégué par l'administration l'ait examiné. La même interdiction est applicable à l'enfouissement, à moins que le Maire, en cas d'urgence, n'en ait donné l'autorisation spéciale.

« 4. — Le Maire devra dès qu'il aura été prévenu, s'assurer de l'accomplissement des prescriptions contenues dans l'article précédent et y pourvoir d'office, s'il y a lieu.

Aussitôt que la déclaration prescrite par le paragraphe 1er de l'article précédent a été faite, ou, à défaut de déclaration, dès qu'il a connaissance de la maladie, le Maire fait procéder sans retard à la visite de l'animal malade ou suspect par le vétérinaire chargé de ce service.

Ce vétérinaire constate et, au besoin, prescrit la complète exécution des dispositions du troisième alinéa de l'article 3 et les mesures de désinfection immédiatement nécessaires.

Dans le plus bref délai, il adresse son rapport au Préfet.

« 5.— Après la constatation de la maladie, le Préfet statue sur les mesures à mettre à exécution dans le cas particulier.

Il prend, s'il est nécessaire, un arrêté portant déclaration d'infection.

Cette déclaration peut entraîner, dans les localités qu'elle détermine, l'application des mesures suivantes :

1° L'isolement, la séquestration, la visite, le recensement et la marque des animaux et troupeaux dans les localités infectées ;

2° L'interdiction de ces localités ;

3° L'interdiction momentanée ou la réglementation des

foires et marchés, du transport et de la circulation du bétail;

4° La désinfection des écuries, étables ou autres moyens de transport, la désinfection ou même la destruction des objets à l'usage des animaux malades ou qui ont été souillés par eux, et généralement des objets quelconques pouvant servir de véhicules à la contagion.

Un règlement d'administration publique déterminera celles de ces mesures qui seront applicables suivant la nature des maladies.

. . . .

« 9. — Dans le cas de péripneumonie contagieuse, le Préfet devra ordonner l'abattage, dans le délai de deux jours, des animaux reconnus atteints de cette maladie, par le vétérinaire délégué, et l'inoculation des animaux d'espèce bovine dans les localités reconnues infectées de cette maladie.

Le Ministre de l'agriculture et du commerce aura le droit d'ordonner l'abattage des animaux d'espèce bovine ayant été dans la même étable, ou dans le même troupeau, ou en contact avec des animaux atteints de péripneumonie contagieuse.

. . . .

« 13. — La vente ou la mise en vente des animaux atteints ou soupçonnés d'être atteints de maladies contagieuses est interdite.

Le propriétaire ne peut s'en dessaisir que dans les conditions déterminées par le règlement d'administration publique prévu à l'article 5.

Ce règlement fixera, pour chaque espèce d'animaux et de maladie, le temps pendant lequel l'interdiction de vente s'appliquera aux animaux qui ont été exposés à la contagion.

« 14. — La chair des animaux morts de maladies contagieuses quelles qu'elles soient, ou abattus comme atteints de la peste bovine, de la morve, du farcin, du charbon et de la rage, ne peut être livrée à la consommation.

. . . .

« 23. — Il n'est alloué aucune indemnité aux propriétaires des animaux abattus par suite de maladies contagieuses, autres que la peste bovine et la péripneumonie contagieuse dans les conditions prévues et indiquées dans l'article 9.

. . . .

« 30. — Toute infraction aux dispositions des articles 3, 5, 6, 9, 10, 11, § 2 et 12 de la présente loi, sera punie d'un emprisonnement de 6 jours à 2 mois et d'une amende de 16 à 100 francs.

« 31. — Seront punis d'un emprisonnement de 2 mois à 6 mois et d'une amende de 100 à 1.000 francs :

1° Ceux qui, au mépris des défenses de l'Administration, auront laissé leurs animaux infectés communiquer avec d'autres ;

2° Ceux qui auraient vendu ou mis en vente des animaux qu'ils savaient atteints ou soupçonnés d'être atteints de maladies contagieuses ;

. . . .

4° Ceux qui, même avant l'arrêté d'interdiction, auront importé en France des animaux qu'ils savaient atteints de maladies contagieuses ou avoir été exposés à la contagion.

« 32. — Seront punis d'un emprisonnement de 6 mois à 3 ans et d'une amende de 100 à 2.000 francs :

1° Ceux qui auront vendu ou mis en vente de la viande provenant d'animaux qu'ils savaient morts de maladies contagieuses, quelles qu'elles soient ;

2° Ceux qui se sont rendus coupables des délits prévus

par les articles précédents, s'il est résulté de ces délits une contagion parmi les autres animaux.

. . . .

« 34. — Toute infraction à la présente loi, non-spécifiée dans les articles ci-dessus, sera puni de 10 à 400 fr. d'amende. Les contraventions aux dispositions du règlement d'administration publique, rendu pour l'exécution de la présente loi, seront, suivant le cas, passibles d'une amende de 1 à 200 francs, qui sera prononcée par le Juge de paix du canton.

. . . .

« 36. — L'article 463 du Code pénal est applicable dans tous les cas prévus par les articles du présent titre. (Titre IV. Pénalités). »

Le règlement interdit, en outre, pour le cas de péripneumonie contagieuse, le repeuplement des étables contaminées dans les trois mois qui suivent le décès du dernier animal abattu.

Il est certain que de telles dispositions entravent singulièrement l'industrie laitière.

Sans compter les ennuis d'une surveillance incessante de la part de l'Administration, l'industriel ne peut tirer de ses animaux tous les profits qu'il en retirerait autrement. L'interdiction de repeuplement surtout lui est funeste. Il ne peut servir sa clientèle, puisqu'il ne peut remplacer les animaux disparus. Certes, c'est préférable qu'il en soit ainsi que de le voir exposé à perdre de nouveaux animaux introduits; mais, dans bien des cas, l'épizootie ne se présente que sur une ou deux bêtes et est si bénigne, qu'avec l'immunité vaccinale on pourrait les remplacer sans danger.

C'est ce que réclamait, depuis longtemps, M. C. Leblanc, au Comité consultatif des Epizooties, et ce qu'il a obtenu il y a bientôt deux ans.

Seulement, si le repeuplement est autorisé, il en résulte l'obligation, pour l'industriel, de faire inoculer les nouveaux animaux qu'il introduira pendant l'année qui suivra le dernier décès, et l'interdiction pendant cette même année de vendre les animaux contaminés pour un autre usage que la boucherie.

Il en résulte que ces animaux sont l'objet d'une inspection particulière de la part de l'inspecteur de l'abattoir — inspection qui gêne les bouchers et permet à ceux-ci d'en profiter pour avoir à meilleur compte des viandes que, sans cette prescription, ils payeraient beaucoup plus cher.

Quant à la mesure elle-même, elle a pour but l'abattage de tous les contaminés et, par l'interdiction qui pèse sur eux, d'être disposés en vue d'un autre usage que la boucherie, d'empêcher que ces animaux transportent les germes contages.

Il est évident que dans l'intérêt général on ne peut mieux faire. On évite aux épizooties toutes chances de développement et leur champ d'action restreint, nul doute qu'elles ne disparaissent d'elles-mêmes.

Seulement, ici, une question se pose. Les mesures employées ne sont que des mesures prophylactiques et ne peuvent être que telles.

La maladie, en effet, ne se décèle que quand la science est impuissante à l'enrayer. Mais pourquoi en est-il ainsi? Parce que l'animal n'est pas, au point de vue de la santé, l'objet d'un examen fréquent et sérieux; parce que ceux qui pourraient, à cause de leur savoir, faire cet examen, n'en ont, ni le temps, ni les moyens. Tandis que les propriétaires ignorent absolument, et entièrement, ce qu'il faudrait savoir pour cela.

Si, au contraire, ils étaient en possession d'une science suffisante de leur métier, d'une science suffisamment étendue sur les maladies des animaux, n'est-il pas juste de penser qu'ils pourraient se faire une sorte de carnet, de journal, de la santé de leurs bêtes et d'ajouter que, dans les fluctuations diverses de cette santé, on arriverait peut-être à voir comment procède la maladie et à connaître, peu à peu, de mieux en mieux, ses origines? Et alors qu'on les connaîtrait, ne pourrait-on pas les soigner et empêcher leur développement?

Car que sont les épizooties ? Comme à toutes les épidémies, leurs causes nous échappent et nous échapperont toujours.

On peut y voir les conséquences de violations des grandes lois de l'hygiène. Mais, est-ce bien une raison sérieuse et une affirmation ayant quelque base solide ou tout au moins apparemment solide?

Depuis que le monde existe, bien des épidémies ont dévasté la surface de la terre, bien des épidémies qui depuis ont disparu pour toujours faire place à d'autres ! Elles disparaissent comme elles sont venues, sans qu'on sache pourquoi ni comment. Et périodiquement, comme leurs aînées, les nouvelles exercent des ravages semblables en horreur et en intensité.

Si au lieu de raisonner sur des hypothèses on regarde les choses de plus près, on arrive à des conclusions bien différentes en procédant par analogie.

L'agriculture nous fournit un exemple frappant d'épidémie dans l'éclosion, dans le sol, à des intervalles plus ou moins rapprochés, d'un nombre considérable de ces gros vers blancs qui rongent les racines des plantes et détruisent les récoltes, alors que les années intermédiaires on n'en voit pas un seul.

A quoi tient cette épidémie de vers ?

Et en tenant compte des proportions de grosseur ces vers n'ont-ils pas quelque raison d'être regardés comme étant à la terre ce que les microbes sont à l'homme ?

Ils se produisent dans de certaines conditions atmosphériques et climatologiques particulières et c'est tout ce qu'on sait de leurs causes.

Mais n'est-il pas admissible de voir en eux des produits de l'épuisement du sol, des instruments de sa purgation, dirais-je, si cette expression n'avait une apparence baroque qui détonnerait ici ?

Ou bien, ne peut-on pas voir là, comme le docteur Leudet s'est plu à le voir dans la tuberculose, un moyen de sélection qui sert à faire disparaître de ce monde *les sujets dégénérés* ?

Il y a, en tous cas, un rapprochement réel. Mais quoi qu'il en soit des causes qui produisent ces épidémies dans le sol, comme de celles qui se manifestent à sa surface, il y a ce point de commun qu'elles se reproduisent périodiquement et qu'on peut soutenir qu'elles sont, les unes et les autres, indispensables au bon fonctionnement du monde par la sélection qu'elles apportent à la surface de la terre sur ce qui s'y trouve, comme à l'intérieur sur les éléments plus ou moins sains du sol.

Le sujet sain y résiste, l'autre succombe. Mais, j'incline à penser que justement pour cette raison, les maladies contagieuses, quelles qu'elles soient, sont des agents employés par la nature pour purifier les races comme les vers dont je parlais tout-à-l'heure sont des agents de purification du sol.

Ce qui me confirme dans cette pensée, c'est que chaque épidémie disparue est remplacée aussitôt par une autre qui fait les mêmes ravages.

Il résulte de là que les mesures prophylactiques, si elles communiquent l'immunité pour chaque maladie sont impuissantes à préserver l'être humain et plus généralement tout être.

On admet deux facteurs de la contagion : le milieu approprié et le germe contage ; et ce dernier ne peut se développer dans un milieu sain.

Mais, si l'on empêche le germe d'agir sur un milieu approprié, par l'immunité vaccinale ou par tout autre moyen, il n'en reste pas moins que le sujet qui devait être le milieu approprié, qui est ce milieu, n'est pas un sujet sain, qu'il est par quelque côté débilité ou malade et par cela même voué fatalement à disparaître tôt ou tard.

En sorte que ce qu'il faut c'est non le protéger contre une maladie qui l'emporterait et accomplirait la sélection — rôle que la nature a confié sans doute à toutes les maladies — mais lui rendre la pureté de sa santé en purifiant son organisme.

Tout cela pour montrer qu'à la péripneumonie et aux autres épizooties en *succèderont* d'autres, et que ce qu'il faut faire, c'est étudier les maladies et revivifier l'organisme dès qu'il en est besoin, et dès que ce besoin se manifeste dans ses moindres indications. Là seulement est le remède à nos maux.

Et, comme le vétérinaire ne peut, pas plus que le médecin, suivre le développement d'une épidémie du genre de la péripneumonie et de la tuberculose, il faut mettre l'industriel laitier à même de nous donner ces renseignements que lui seul peut nous fournir par sa situation unique.

Qui sait ce qui en peut sortir, — même pour la santé de l'homme ?

Le Congrès de la Tuberculose a eu surtout ce grand mérite de montrer quel profit les deux médecines peuvent tirer de leur concours et de leurs mutuelles observations. Ne l'oublions pas dans le cas actuel, en remarquant que rien ne peut présenter un sujet d'observation aussi aisé et aussi long qu'un troupeau d'animaux, que le propriétaire peut surveiller et a intérêt à surveiller.

On a proposé et on demande à cor et à cri l'institution d'un nombreux service d'inspection des laiteries, de manière à déceler les animaux atteints de maladies contagieuses et surtout de tuberculose.

Il me semble qu'on oublie trop que nous vivons en un siècle d'émancipation pour vouloir ainsi imposer les nouveaux désagréments de visites incessantes et répétées chez des gens qui ont déjà bien montré ce qu'ils pensent de cette idée de toujours être soumis à une étroite surveillance et à un contrôle perpétuel.

N'a-t-on pas été jusqu'à demander la création d'un état-civil pour les animaux avec un impôt de capitation sur eux et des passe-ports, bien plus rigoureux que pour les hommes, puisque chaque animal devra porter avec lui son acte de naissance, un certificat de santé et un certificat de salubrité de l'endroit d'où il vient !

Il est vrai que tout cela créerait un corps de fonctionnaires fort nombreux et les vétérinaires qui n'ont qu'un nombre restreint de fonctions rétribuées par l'État seraient bien aise d'en augmenter le nombre.

Mais, à quel siècle vivons-nous ? Et réellement, est-ce que Charenton n'est pas tout indiqué pour l'auteur de pareilles élucubrations ? Franchement, c'est tout ce qu'il mérite et son projet avec lui.

Nous l'avons vu, il est de l'intérêt de chaque industriel d'observer les règles de l'hygiène et il y a pour lui profit à le faire. Dès lors pourquoi par des institutions aveugles vouloir augmenter l'état de contrainte où il se trouve ?

Pourquoi ne pas lui faciliter les moyens d'assurer et votre tranquillité par l'assurance de bons produits, et la sienne, par la facilité d'acquérir la science de son métier — ce qui le délivrera des ennuis incessants que lui procurent sa soumission à l'autorité ainsi que les visites des représentants déjà assez nombreux de cette autorité ?

Du reste, on le doit.

L'article 13 du décret du 28 Juillet 1888 dit :

« Art. 13. — La vente et l'usage du lait tuberculeux sont interdits. »

Comment le saura-t-il que son lait est tuberculeux ? Par l'analyse bactériologique.

Eh bien ! enseignez-la lui !

Mais, voyez comme tout se tient dans ces questions. On reproche au lait tuberculeux de ne pouvoir être reconnu avec la maladie puisque avant qu'on puisse porter le diagnostic, le lait, au dire des savants, contient déjà des bacilles de Koch — et ces savants estiment ce temps à un mois environ. L'analyse décèlerait le mal et en permettrait l'étude. En tous cas on pourrait interdire la vente du lait tuberculeux et on n'aurait pas à en recommander l'emploi bouilli, alors qu'on connait les inconvénients si réels de ce lait.

On n'aurait pas non plus à craindre le danger de la viande tuberculeuse à Paris. L'industriel, voyant que son animal ne pourrait que dépérir, s'en déferait immédiatement et comme tuberculeux, puisque le service d'inspection de la boucherie, qui doit être ou devrait être très rigoureux et très consciencieux, doit avoir surtout comme principal devoir d'examiner les viandes dangereuses, parmi lesquelles, les viandes tuberculeuses.

On voit qu'il y a tout avantage à entrer dans cette voie et à y persévérer.

Mais, il n'y a pas des avantages réels que sur ce terrain. Il en est d'autres bien plus importants tenant à ce rôle merveilleux du lait de pouvoir servir de médicament dans un grand nombre de maladies, rôle auquel il doit d'être devenu l'un des principaux auxiliaires de la médecine contemporaine, sinon le principal.

Je crois qu'après cette constatation nouvelle, on sera convaincu entièrement.

CHAPITRE XII

LAITS PATHOGÈNES ET LAITS TOXIQUES

Le lait, avons-nous dit bien des fois, est un liquide merveilleux, mais, comme toutes les choses merveilleuses, il est rempli de fragilité et d'inconvénients. C'est le grand tort des choses merveilleuses que d'être sujettes et sensibles à un plus grand nombre de vicissitudes que les autres, — tort bien naturel au fond, car il vient balancer un peu leurs admirables qualités. Que penserait le roseau — s'il pouvait penser — en voyant un chêne aussi flexible que lui et ne présentant à la bise pas plus de prise que sa faible tige? Que serait-il en droit de penser et de la nature et de la manière dont sont réglées les choses qui échappent à l'action humaine? N'y aurait-il pas là une criante injustice? Et n'est-il pas très bien qu'il en soit ainsi qu'il en est, que chaque chose ait les défauts de ses qualités, comme dit une admirable expression courante?

Aussi, n'est-il pas étonnant que, pareil à toute chose en ce monde, le lait paye ses qualités merveilleuses par une fragilité très grande et qu'à son rôle d'aliment parfait s'en joigne, dans certain cas, un autre, tout opposé celui-là, et aussi néfaste que le premier était profitable, celui d'aliment toxique parfois et parfois pathogène.

Nous avons vu déjà, pour la tuberculose, qu'il pouvait servir de véhicule à cette épidémie en la transmettant de l'animal malade à l'homme. Il peut agir de même pour d'autres maladies.

Cela tient à ce que l'eau est quantitativement le plus important de ses composants, et l'on sait avec quelle facilité l'eau se charge de miasmes et de microbes de toutes sortes. En sorte que le lait se peuple avec une extrême facilité de tous ces organismes.

Et comme il est, en outre, un milieu essentiellement fermentescible, les germes organiques qui ont pu y tomber se développent avec une grande rapidité en altérant le lait s'ils ne sont pas les agents de maladies graves que subissait le sujet qui a produit le lait — maladies que ces agents iront porter à celui qui le consommera, avec d'autant plus de sûreté qu'ils auront eu plus de liberté pour se développer.

Il résulte naturellement de là que nous aurons deux catégories de laits nuisibles : les laits toxiques et les laits pathogènes.

Les premiers sont produits par des *organismes inférieurs*. Chez la femme, on trouve rarement des laits toxiques dus à ces organismes, parce que le lait ne séjourne pas à l'air et qu'ils ne peuvent s'y développer, mais le lait de vache, le lait de chèvre et le lait d'ânesse sont fréquemments sujets à des altérations dues à ces êtres, — altérations qui se traduisent toujours par un changement dans l'apparence de la masse du lait.

Hermstaedt (1) dit que parfois le lait bleu tient cette couleur de l'indigo que renferment certaines plantes fourragères. Mais s'il en est parfois ainsi, plus souvent le lait bleu est produit par un organisme inférieur : le *Vibrio*

(1) Hermstaedt. *Uber enige abnorme Zustande der Milch* (*Pharm. Centrablatt.* 1823.)

cyanogenus de Fuschs et Lehmann, le *Byssus cærulea* de Braconnot.

Fuchs a, en outre, montré que le lait jaune est dû à la présence du *Vibrio xantrogenus*.

Enfin, Naegele attribue le *lait rouge* à un organisme analogue au *micrococcus*. Lorsque, en effet, la couleur se manifeste par taches rouges à la surface, la coloration est due, on l'a vu depuis, au développement superficiel d'un micrococcus, le *micrococcus prodigiosus*. Mais quand le phénomène se manifeste par une coloration de toute la masse, c'est à une bactérie toute autre qu'on doit l'attribuer. Cette bactérie a été découverte par M. Hueppe, en 1866, et l'an dernier, M. Gosta Grotenfelt en a fixé la forme et les propriétés (1); c'est le *Bacterium lactis erythrogenes*, petit bâtonnet de 1,0-1,4 μ de longueur sur 0,3-0,5 μ de largeur.

Nous avons observé, personnellement, il y a quelques mois, un lait rouge obtenu d'une chèvre, un mois après, environ, à la suite de la parturition. Quelques jours avant on avait observé dans le lait, un mince filet de sang. Pendant trois jours, le lait devint rouge. Le premier et le dernier, la coloration n'était que rose et superficielle. Le second, elle se développa dans les vingt-quatre heures dans toute la masse liquide, amenant dans le lait une coagulation de la caséine très faible, puis, au-dessous de la couche de crême dont la teinte était plus foncée, une coloration rouge sale qui, d'abord rose, finit par devenir rouge sang. Quant au fond, il est resté incolore. Une observation attentive des mamelles de la chèvre m'a montré qu'à cette

(1) Gosta Grotenfelt. *Sur le Lait rouge.* (*Fortschr. der medicin*, 1889).

durée de production du lait rouge avait correspondu, chez la chèvre, une légère inflammation mammaire.

A cette époque, ne connaissant pas encore le travail de M. Gosta Grotenfelt, nous avons attribué la coloration à l'inflammation de la mamelle, ayant observé à un point du pis un commencement de bourgeonnement.

Ajoutons que ce lait différait essentiellement comme couleur et surtout comme développement de coloration au lait qu'une goutte de sang échappée du pis teint de sa couleur. La marche de la coloration était toute différente, et c'est pourquoi nous rapportons cette observation. Ce lait, du reste, prit rapidement une odeur désagréable qui ne laissait aucun doute sur sa toxicité.

D'autres champignons : le *Penicillum glaucum*, l'*Ascaphora mucedo*, etc., prennent naissance dans le lait acide, et leur développement peut amener un changement dans la coloration du lait.

M. H. Fauvel a trouvé, dans des biberons qui lui ont été soumis, que le lait y avait attiré des bactéries et des vibrions dont l'influence était à redouter sur la santé de l'enfant (1). C'est, du reste, à leur présence qu'est due la mauvaise odeur des tubes des biberons et quelquefois la toxicité du lait qui s'y trouve, quand leur développement a été suffisamment grand pour que les amas de mycélium, les nombreuses bactéries et les rares vibrions puissent agir sur le lait. Sur 31 biberons examinés, 28 contenaient ces organismes inférieurs.

D'après Parmentier et Déyeux (2), le lait bleu n'est pas

(1) H. Fauvel. *Bulletin de l'Académie de médecine*, année 1881, p. 613. *Note sur les altérations du lait dans les biberons.*

(2) Parmentier et Déyeux. *Précis d'expériences et observa-*

malsain. Cet avis est partagé par Guérard (1). Devergie affirme avoir constaté que le *lait vert* trouble gravement la santé des enfants (2). Nous avons vu, personnellement, que le lait rouge présentait toutes les apparences d'une toxicité réelle. Aussi, doit-on se ranger à l'avis de MM. Tarnier, Chantreuil et Budin : « Quoi qu'il en soit, il est prudent de proscrire absolument tout lait qui contient des organismes étrangers (3). »

Voilà pour les laits toxiques. Et on peut, sans crainte, affirmer que le développement des organismes inférieurs rend tel tout lait, quel que soit son origine, où ils tombent et évoluent.

Les laits pathogènes sont encore plus dangereux, car si les précédents peuvent produire de graves dérangements chez les nourrissons, les seconds peuvent apporter les germes d'une maladie qui ne manquera pas de se développer si elle tombe chez un être un peu débilité.

On remarquera que nous n'avons rien dit des laits rendus toxiques dans la mamelle même de l'animal. Ce fait se présente très rarement chez les animaux, bien que fréquemment chez les femmes. Et, comme nous n'avons à voir ici que l'allaitement artificiel des nourrissons, nous ne nous y arrêterons pas autrement.

Les maladies aiguës ont généralement une influence particulière sur la composition du lait.

---

tions sur les différentes espèces de lait, p. 146. Paris et Strasbourg, an VII.

(1) Guérard. *Dictionnaire en 30 volumes*, article *Lait*.

(2) Devergie. *Mémoires de l'Académie de médecine*, année 1843, tome X.

(3) S. Tarnier et J. Chantreuil et P. Budin. *Allaitement et Hygiène des Enfants nouveaux-nés*. Paris, 1888, p. 141.

Ainsi, Husson l'a constaté, en 1870, sur des vaches typiques, et voici les conclusions tirées de ces études :

« 1° Dans la dernière période de la maladie, le lait ne peut servir d'aliment, même aux adultes : il renferme du pus et du sang ;

« 2° Dans la première période alors que le lait est encore à peu près normal, il peut être pris impunément par les adultes; cependant la vente doit en être interdite parce que cet aliment pourrait être nuisible aux enfants en bas âge par suite de quantités considérables d'albumine et de caséine qu'il renferme, alors que les aliments comburants, sucre et beurre, sont diminués en proportion notable.

« 3°. Dès que le typhus s'est déclaré dans une écurie toutes les bêtes à cornes sont sous l'influence de l'épidémie comme le prouve l'analyse chimique du lait. Fait malheureusement confirmé quelques jours après la mort de toutes les bêtes (1). »

Mais si le danger existe au point de vue purement alimentaire, on n'a jusqu'à présent pas reconnu au lait produit dans ces conditions, la propriété de servir de véhicule au typhus.

Feser a étudié du lait d'animaux charbonneux. Il y a trouvé des bactéries. Mais, selon lui, ce lait n'est pas malsain (2).

Nous avons vu dans le précédent chapitre les dangers présentés par la tuberculose. Les expériences faites doivent être tenues comme probantes ; car, quand même les cas seraient rares, il est indéniable qu'ils existent. Signalons ici un fait intéressant tout en faveur de notre thèse.

(1) C. Husson, *Le lait, la crême et le beurre*, Paris, 1878, p. 43.

(2) Feser, *Centralblatt f. Gyn.*, année 1879, p. 69.

L'eau augmente dans le lait et le beurre et diminue beaucoup quand la tuberculose est accompagnée de diarrhée et d'amaigrissement. Il y a là un fait digne d'être retenu. L'analyse du lait ne saurait que rendre d'excellents services en indiquant par ses variations les variations de santé de l'animal. Nous avons vu, d'après C. Husson que l'analyse décelait la présence du typhus chez des vaches paraissant très saines. Il en est de même de la tuberculose et des autres maladies, et l'on pourrait ainsi suivre la maladie dès son origine si le propriétaire possédait les connaissances suffisantes pour cela. On voit quels services il en résulterait pour la science médicale en particulier et pour la santé publique en général !

Mais revenons à notre sujet.

Quelques auteurs attribuent au lait la faculté de servir de véhicule au miasme paludéen. Mais ils ne produisent aucun fait probant.

Pour la syphilis, les avis sont très partagés. Vernois et Becquerel (1) ont trouvé que cette maladie exerce sur le lait les mêmes influences que la tuberculose. Simon au contraire dit que cette influence est nulle au point de vue de la composition chimique (2).

Quant au virus syphilitique, les avis sont autant partagés : les uns admettent la possibilité de sa transmission et d'autres la nient.

« Pour le virus syphilitique, Tarnier a vu un fait qui plaide contre sa transmissibilité par le lait : une nourrice infectée par un enfant étranger qui tétait une seule de ses mamelles, et portant sur cet organe un chancre auquel avaient succédé des accidents généraux, put néanmoins

(1) Vernois et Becquerel. *Du lait chez la femme*, p. 74.
(2) Simon, *Die Frauenmilch*, p. 67.

continuer à donner l'autre mamelle à son propre enfant sans lui communiquer la maladie qui évoluait chez elle. Disons pourtant que Voss aurait déterminé la syphilis chez une femme saine en lui injectant sous la peau du lait fourni par une syphilitique. (Voyez Annales de Gynécologie, 1877, t. 1, p. 158) (1). »

En 1870, on signala à Isslington la transmission de la fièvre typhoïde par le lait (2). Depuis, on a observé que la ville de Leede et le quartier de Marylebom à Londres ont été atteints de cette manière.

L'éveil était donné, on y prêta la plus grande attention et depuis les observations de M. le docteur Cameron, de Dublin, on ne conserve aucun doute sur la réalité de la transmission de la fièvre typhoïde par le lait.

Il en est de même de la scarlatine, ainsi qu'il résulte des observations de M. Ricklin, faites à Fallonfield, près de Manchester. Dans ce village, vingt-quatre familles furent atteintes de scarlatine. Une enquête montra que ces familles se fournissaient à la même laiterie et que la personne chargée des manipulations du lait, soignait un enfant malade de la scarlatine.

Il en résulte que le lait possède une singulière affinité pour tous les organismes qui flottent dans l'air et qu'un lait exposé à l'air dans la maison ou dans la chambre d'un malade est apte à transmettre la maladie, quand cette maladie est de nature microbienne.

La conclusion de ce chapitre est qu'avec de telles propriétés, celui qui est chargé de manipuler le lait doit

(1) S. Tarnier et J. Chantreuil et P. Budin, *loc. cit.* p. 139.
(2) Voy. *Documents sur les falsifications des matières alimentaires*, p. 319 et suivantes.

éviter tout contact avec tout malade dont l'affection est de nature microbienne. Mais encore faut-il pour cela connaître ce danger que présente le lait. Interrogez un marchand. Il l'ignore ! Il faut vulgariser ces découvertes récentes, il faut que personne ne puisse les ignorer qu'il soit marchand ou simplement consommateur.

Enfin, pour la tuberculose, une conclusion se place ici d'elle-même. Le nombre annuel des décès par tuberculose était en 1885 de 11.674. Il varie chaque année entre 11.000 et 12.500. Comme la tuberculose tient la contagion comme sa principale cause et que cette contagion se transmet non-seulement par l'hérédité mais encore par l'alimentation, il s'ensuit que les chances de contagion sont très nombreuses pour les enfants élevés au sein. En 1884, le nombre des enfants décédés était supérieur à 2000. Si ces enfants étaient issus de tuberculeux, il importait de leur retirer le lait maternel. C'est assez de porter en soi le germe fatal sans qu'on vienne encore l'alimenter, le renforcer et par là hâter son développement. Le nombre des décès en cette année 1884 était de 498 pour 100.000 habitants. Il en résulte que le nombre des décès par 1000 est de 4,98. En sorte que l'enfant alimenté au sein court en chiffre rond 5 chances sur 1000 de voir les germes tuberculeux développés en lui par le lait maternel.

Ce même enfant alimenté artificiellement par le lait de vache n'aurait nous l'avons vu que 1 chance contre 480, soit un peu plus de 2 pour 1000.

Que conclure sinon que cet enfant ayant moins d'une chance contre 2 de contracter le mal s'il boit du lait de vache au lieu du lait maternel, il faut l'élever au lait de vache ?

Il est bien évident que ces chiffres sont loin de raisonner rigoureusement, en ce sens que les 2.000 enfants morts tuberculeux tirant sans doute leur maladie de parents tuberculeux, la comparaison devait être de 2.000 à 9.000 ; soit 2 enfants pour 9 décès d'adultes ; ou 2 chances sur 4,5 (en regardant le nombre des décès comme égaux par sexe) de voir l'allaitement développer en lui la tuberculose. Tandis que si l'enfant de tuberculeux était élevé artificiellement il n'aurait au lieu de 2 chances sur 5, qu'une chance sur 480 de voir le mal se développer sous l'influence de l'allaitement.

On doit donc, dans les familles dégénérées, lorsque l'un des époux est atteint de tuberculose s'empresser de soumettre l'enfant au régime de l'allaitement artificiel. On retardera, de beaucoup la maladie si on ne l'éteint ; car, la tuberculose étant un signe de dégénérescence, la première partie de la vie si elle est saine et si le sujet se nourrit sainement, infuse un sang nouveau, en quelque sorte, et par là vient agir contrairement à la maladie. C'est, d'ailleurs ce qui se passe chez l'enfant quand l'un des parents est absolument sain, quand l'autre n'est pas atteint au dernier degré. Alors il est rare que l'enfant devienne tuberculeux.

Et qu'on ne dise pas que l'allaitement artificiel tue l'enfant. Qu'on en juge plutôt par le tableau suivant :

Accroissement quotidien du Nouveau-Né, suivant la nature du lait qu'on lui donne.

Mois	Lait de Vache (*Fleischmann*).	Lait de Femme (*Fleischmann*).	Lait de Femme (Moyenne des auteurs).
1er	25 grammes.	86 grammes.	30,8 grammes.
2e	27	30	30,6
3e	24	80	27,8
4e	21	23	22,6
5e	21	13	17,0
6e	16	13	14,6
7e	14	12	12,2
8e	18	12	11,8
9e	21	10	11,0
10e	13	10	8,7
11e	13	8	7,4
12e	13	7	5,8

Ce tableau extrait du *Traité de l'art des accouchements*, de MM. Tarnier, Chantreuil et Budin, ne laisse aucun doute sur les bons effets de l'allaitement artificiel au moyen du lait de vache, à condition que ce lait sain et naturel n'ait que les bonnes qualités du lait en général — qualités qu'il aura certainement si le producteur connaît bien la technologie laitière et vend un lait produit dans le centre même de consommation.

CHAPITRE XIII

LAITS MÉDICAMENTEUX

La sécrétion lactée jouit de la propriété d'éliminer de l'organisme certaines substances étrangères qui ont pu y être introduites, soit par le canal digestif, soit par les poumons, soit par injections sous-cutanées.

C'est à cette propriété qu'est due l'odeur du lait, — odeur qui tient aux matières odorantes contenues dans les fourrages consommés par sa substance, laquelle substance on obtient en traitant le lait par le sulfure de carbone. On voit ainsi que cette odeur est celle de la plante consommée et on s'explique aisément les odeurs et les goûts si variables du lait de vache selon que la vache aura mangé de l'asphodèle qui lui donne un bon goût, de la plante d'absinthe qui le rend amer, du trèfle des Alpes qui lui donne un goût sucré, du tithymale qui le rend âcre, de la varaire qui lui communique un goût de fumier, des pommes de terre germées qui le rendent particulièrement désagréable.

C'est aussi à cette propriété qu'est due la coloration du lait, rouge si l'animal a mangé de la garance ou du cactus; jaune du safran, du populage des marais; bleu, la prêle, la mercuriale, le polygonum, le jonc fleuri, l'anchuse, l'hyacinthus cosinus, le *sainfoin*. *Parfois*, il est vrai, la coloration se fait au contact de l'air; mais alors la matière incolore que l'air transforme est étrangère à l'organisme et a été éliminée par la sécrétion lactée.

La constatation de cette propriété a amené l'idée de faire passer le médicament dans le lait. Dans une foule de cas, il ne peut être supporté chez l'enfant à l'état naturel. Mais, dans le lait, quand la nourrice l'absorbe elle-même, soit à forte dose, soit qu'on le lui ait introduit par injection sous-cutanée, on arrive à introduire chez l'enfant un médicament qu'il n'aurait pu supporter sous une autre forme.

D'abord, pour les plantes, il suffit de faire entrer la quantité nécessaire dans la ration de l'animal pour obtenir rapidement un lait médicamenteux, au bout de quelques jours généralement.

On a ainsi des laits de rhubarbe, de graticole, de cresson, d'asperges, de carottes, rendant de grands services dans les maladies où l'on employe ces plantes avec succès. Il en est de même de la scammonée.

Pour les substances minérales, l'introduction se fait de trois manières, soit en faisant absorber à la vache la substance voulue dans sa ration alimentaire; soit en procédant par injection; soit enfin en mélangeant directement le médicament au lait.

D'après A. Chevallier et O. Henry (1), le borax le proto et le bicarbonate de soude passent dans le lait ainsi que les sulfates de soude.

Harnier y a retrouvé le sulfate de magnésie (2). L'acide acétique a de même été retrouvé par Landerer (3).

(1) A. Chevallier et O. Henry, *Mémoire sur le lait*, Paris, 1839.

(2) Harnier, *Quædam de transitu medicamentorum in lac*, Marburgi, 1847.

(3) *Arch. der Pharm.* t. CXLI, p. 167, et *Journ. de Phys. et de Chim.* t. XII, p. 43, 1847.

Lewald a montré que l'antimoine et ses dérivés passaient d'autant mieux dans le lait que leurs préparations étaient plus solubles. Il en est de même des sels de zinc et de l'oxyde de zinc, qui est insoluble. Cet auteur a retrouvé le bismuth mais le passage serait difficile selon lui, tandis que MM. Chevalier et Henry affirment qu'on le retrouve en grande quantité. L'arsenic y passe avec facilité. Seulement on ne peut l'administrer à trop fortes doses, sans crainte de voir le lait et la viande même de l'animal devenir toxiques, étant rapidement empoisonnés (1).

M. Labourdette a aussi étudié et préparé le lait arséniqué (2).

Lewald montre en outre que le cuivre se retrouve dans le lait quelque temps après qu'on a cessé de l'administrer et qu'il y passe assez lentement (3).

Pour le cuivre, le cas est douteux. On cote un fait d'intoxication produit par le lait d'une chèvre qui avait absorbé du bouillon aigri abandonné dans un vase de cuivre. Mais ce fait unique ne saurait être suffisamment probant.

L'iode a été retrouvé dans le lait par Lewald et par Péligot. M. Duroy obtient du lait [illegible]dé en combinant directement l'iode au lait ; et chose curieuse, quand le réactif est sans excès, le liquide obtenu a le gout ordinaire du lait. Il peut de plus se conserver pendant un mois, même en été sans subir aucune modification. En administrant à des nourrices de l'iodoforme, Righini a guéri des enfants rachitiques (4).

(1) Hertwig, cité p. 85, t. CX, Schmidt's *Jahb*, 1861.

(2) Labourdette, *Comptes rendus de l'Académie des sciences* t. XLII, p. 597, 1856.

(3) Lewald, *Untersuchungen über den Uebergang von Arzneimitteln in die Milch*. Breslau, 1857.

(4) Righini, trad. in *Journ. de Bruxelles*, t. XXXV et XXXVI.

De même le mercure, sert au traitement des enfants syphilitiques, en passant de la nourrice, qui l'a absorbé, dans son lait et arrivant ainsi à l'enfant. Personne, Réveil et Lewald ont trouvé le mercure dans le lait, alors que Péligot, Chevalier et O. Henry, Harnier n'avaient pu l'y rencontrer. Maintenant, il est bien établi que les enfants ainsi traités guérissent parfaitement.

Quelle que soit la forme sous laquelle il est administré le fer se retrouve dans le lait, la limaille y laissant de plus grandes traces que le lactate. Harnier et Simon avaient contesté ce fait ; mais Lewald, Marchand, Rombeau et Roselleur (1), etc. ont constaté le fait par un grand nombre d'expériences probantes.

Par contre, les sulfures de sodium et de potassium ne passent pas dans le lait, pas plus, du reste, que le vitrate de potasse ainsi que l'ont constaté Chevalier et Henry, et Marchand (2) ni que le phosphate de chaux ainsi que l'a remarqué Weiste (3).

Harnier constate que les sels à acides organiques ne se retrouvent pas dans le lait. Chevalier et Henry avaient fait pour la quinine une constatation identique. Mais Landerer l'a retrouvée et a pu constater qu'elle rendait le lait amer.

Pour l'alcool les avis sont tout aussi partagés. Lewald n'a pu en constater la moindre trace dans le lait alors que Charpentier et Marchand affirment le contraire. Le laudanum ne passe pas dans le lait. Il paraîtrait qu'il en est tout à fait l'opposé pour l'opium auquel on attribue des cas de

(1) Rombeau et Rossolleur, *Bulletin thérapeutique*, t. I. p. 355, 1856.

(2) Marchand, *Encycl. Worterb.*, t. XXIII, p. 320, Berlin 1840.

(3) Weisko, *Preuss. Ann. d. Landw.* 1871, n° 36.

narcotisme grave, parfois mortel, chez des enfants dont la nourrice absorbait beaucoup d'opium.

On obtient enfin, un grand nombre d'autres préparations et entr'autres, des laits chloruré, nitré, sodaté ou vanillé au moyen de mélanges faits selon certaines formules. Le plus curieux en est sans contredit le lait de viande obtenu par l'addition de 10 grammes de viande de bœuf finement broyée qu'on émulsionne dans le liquide.

Mais pour que le médicament quel qu'il soit agisse, il faut qu'il pénètre dans l'intimité la plus absolue du liquide.

Il semblerait résulter que la caséine a le plus fort pouvoir absorbant, pour le fer du moins (1). C. Husson a fait la même constatation pour l'iode (2).

On voit quel parti on peut tirer de cette propriété du lait. C'est ce qui a amené le docteur Labourdette à fabriquer divers laits médicamenteux (3).

La partie ainsi transportée dans le lait est la quintescence des plantes et des médicaments obtenus par la digestion stomacale des animaux. En sorte que l'organisme n'est pas altéré comme il le serait avec le médicament tout entier. Cette essence agit sur lui comme s'il avait absorbé le remède sous sa forme ordinaire ; mais tout le reste qu'il en faudrait éliminer, l'est par avance et ne peut, en pénétrant dans l'organisme, causer aucun des nombreux inconvénients inhérents à la nature des médicaments.

Il en résulte que ces préparations ont le grand avantage de pouvoir être employées pour la reconstitution des enfants qui viennent au monde avec maintes maladies trans-

(1) *Diction. de Médecine et de Chirurgie pratiques*, article *Lait*.

(2) C. Husson, loc. cit. p. 21.

(3) Voir Bouley, *Bulletin de l'Académie de Médecine*, année 1859, p. 746.

mises par les parents directs ou par leurs ascendants, comme aussi, chez tous les enfants faibles, comme agents thérapeutiques de traitement, — sûr qu'on est d'avance qu'ils produiront tous les bons effets des substances qu'ils renferment sans en avoir les inconvénients.

A côté des laits médicamenteux proprement dits se place naturellement un autre produit, tiré du lait de vache qu'on ne connaît encore qu'à peine, en France; mais qui est appelé à rendre à la thérapeutique française des services aussi importants que ceux qui, depuis 1867, ont attiré sur lui, l'attention du monde médical russe, et l'ont rapidement fait adopter par les patriciens, de ce pays.

Je veux parler du kéfir.

A la fin du chapitre sur la tuberculose nous avons cité l'extrait du Docteur Grancher sur l'emploi du lait dans le traitement de cette maladie, et l'avons fait suivre de l'opinion de ce savant éminent sur le koumys ou lait fermenté de jument dans son emploi contre la tuberculose.

Depuis, la thérapeutique a dû constater que le kéfir remplaçait avantageusement le koumys, ayant sur lui l'avantage de se préparer plus aisément, d'être plus nutritif, comme aussi d'être beaucoup moins cher, tout en exerçant sur l'organisme où il est ingurgité, les mêmes effets que son congénère du lait de jument, le koumys tartare.

Depuis nombre d'années on connaissait le koumys surtout, en Russie, où son emploi est général et ne cesse de produire de bons effets dans tous les cas où le médecin a besoin d'un agent facilement assimilable et tonifiant au premier chef pour combattre vigoureusement et promptement la débilité de l'organisme. Mais, c'est seulement le 1er juillet 1867 que le rapport du docteur Sipowitch à la Société médicale du Caucase attira l'attention sur un ferment particulier du lait de vache, employé par les peuplades tartares du versant nord de la chaîne Caucasique, pour préparer une boisson alcoolique ayant de grandes ressemblances avec le koumys.

Ce ferment se présente sous la forme d'un champignon dont l'origine est très obscure et qui, particularité très originale, ne se rencontre que sur les parties nord les plus élevées du Caucase, tels que sur les monts Elbrouz (5.661 mètres), Kochtantan (5.219 mètres), Kazbek (5.403 mètres) et Dijkh-tan (5.519 mètres), parties habitées par les gens des tribus Kabardintzi, Ossétines, Karatchevtzi, etc., qui possèdent de grands troupeaux de bovidés et avec ce ferment et le lait de vache préparent la boisson qu'ils nomment : kéfir, kiafir, kapir, guippé, etc., selon la tribu, et qui a conservé dans la langue scientifique, le premier de ces noms.

Depuis ce rapport du Docteur Sipowitch, on s'est tellement engoué du kéfir à cause de ses effets salutaires, de la facilité de sa préparation, de son bon marché, de sa saveur agréable quoi qu'un peu aigrelette, et surtout de ses propriétés tonifiantes et rafraîchissantes, qu'actuellement, il est peu de bourgades russes où l'on ne vend pas du kéfir dans toutes les maisons où l'on sert à boire et à manger.

Ces propriétés, le kéfir les doit à un dédoublement de la lactose en alcool, en acide carbonique et en acide lactique. Ce dédoublement est produit par la fermentation lactique accompagnée d'une fermentation alcoolique. La première est d'abord la plus active; puis, peu à peu, elle perd de son intensité tandis que la seconde tend à la remplacer.

Quoi qu'il en soit, on peut dire que la fermentation képhirique détermine trois processus chimiques importants :

« 1° La fermentation alcoolique d'une partie du sucre

de lait qui se transforme en acide carbonique et en alcool ;

« 2° La fermentation lactique d'une autre partie du lait, c'est-à-dire le dédoublement de ce sucre en acide lactique, etc. ;

« La peptonisation d'une partie des matières albuminoïdes du lait (1). »

Maintenant qu'il est prouvé que le lait coagule différemment selon l'espèce de l'animal qui l'a produit, on s'explique aisément les admirables propriétés du Képhir. Ainsi le lait de vache donne un coagulum caséeux, resserré en un seul bloc, compact, bien tassé et relativement dur, alors que celui du lait de femme se forme de flocons petits, délicats, mous et plus fluides.

Le docteur Schmidt (2) attribue cette différence à la présence dans le lait d'une substance albuminoïde particulière dénommée par le Dr Kühne, *hémialbuminose*, et ce sont d'après lui, les proportions de cette substance, plus ou moins grandes selon chaque lait, qui permettent au caséum d'acquérir moins ou plus de consistance, selon les cas.

Cette hémialbuminose est un produit intermédiaire de la digestion de l'albumine, qui en présence d'une certaine quantité d'acide ne coagule pas, mais reste en dissolution. D'où cette propriété de donner plus ou moins de consistance au caséum selon la quantité pour laquelle elle y entre.

A la vérité, cette substance n'est pas nouvelle dans l'histoire du lait. Elle n'est autre que cette matière qui ne précipite ni par la chaleur seule, ni par la chaleur et les

(1) Dr Kosta Dinitch. Thèse inaugurale. *Le Képhir ou champagne lacté du Caucase*, Paris, 1888, p. 36 et 37.

(2) Schmidt. *Matériaux pour l'explication de la différence qui existe entre les qualités du lait de femme et du lait de vache*. Moscou, 1882.

acides, que Bouchardat et Quévenne (1) avaient nommée l'*albuminose*, Milon et Commaille (2) la *lactoprotéine*, Hammarsten (3) la *protéine* du petit lait, Kirchner (4) les *peptones* et que nous avons avec M. Duclaux (5) nommé d'un nom beaucoup plus juste tiré de son origine et de sa nature, celui de *caséone* (6).

On conçoit aisément combien singulièrement est facilitée la digestion par la présence de cette substance, très répandue dans le lait de femme et trop rare dans le lait de vache. Qu'on en juge plutôt par le tableau suivant emprunté à M. Schmidt :

Eléments du lait	Lait de femme	Lait de vache
	Parties pour 100 de lait	
Substances albuminoïdes	1,3179	3,6308
Caséine	0,6573 (49,8 0/0	3,1666 (87,3 0/0
Albumine	0,3382 (25,7 0/0	0,2970 (8,2 0/0
Hémialbuminose	0,3224 (24,5 0/0	0,1672 (4,5 0/0

On voit ainsi aisément la supériorité du lait de femme sur le lait de vache, et si ce tableau devait convaincre les mères récalcitrantes, il rendrait de bien grands services. Le malheur est que plus en plus nombreuses deviennent

(1) Bouchardat et Quévenne. *Du lait*. Paris, 1857.
(2) Millon et Commaille. *Nouv. subst. album. cont. dans le lait*, C. R., t. LIX, 1865.
(3) Hammarsten, *Milchzeitung*, 1875.
(4) Kirchner, *Beitr. z. Kenntniss d. Kuhmilch und ihrer Bestandth*. Dresde 1877.
(5) E. Duclaux, *loc. cit.* p. 123.
(6) Claudius Nourry. *Le Lait*, p. 10.

celles qui refusent d'allaiter leurs enfants. Comme d'autre part, il est des cas nombreux où on doit interdire à la mère de donner le sein, on est réduit à se rabattre sur le lait de vache.

Nous avons vu les bons effets de ce lait, d'après les observations de Fleischmann. Combien ils seraient meilleurs, si on arrivait à rendre le lait de vache plus digestible !

Et c'est pourquoi le Képhir est si aisément absorbé et se recommande tant. Les conclusions de M. Dinitch nous l'ont montré. Comparons maintenant les résultats de l'analyse :

Analyse de Touschinsky.

Lait écrémé — Densité : 1028.

Lait de Vache :		*Képhir de 2 jours.* Densité : 1026.	
Albuminoïdes.....	48	Albuminoïdes..	38.000
Graisses..........	38	Graisses.......	20.000
Sucre de lait......	41	Sucre de lait...	20.025
Acide lactique....	00	Acide lactique.	9.000
Alcool............	00	Alcool........	8.000
Eau et sels.......	873	Eau et sels....	904.975
Total.....	1.000	Total.....	1.000.000

Analyse de M. Sonnerat.

Lait presque complètement écrèmé — Densité : 1039 à 15

Lait de vache :		*Képhir du même* N° 3.	
Matières fixes...	118.30	Matières fixes...	87.00
Beurre.........	26.60	Beurre.........	24.70
Caséine........	31.60	Caséine........	31.00
Sucre de lait...	41.22	Sucre de lait....	14.65
Eau...........	782.28	Peptones.... ..	0.21
Total.....	1.000.00	Alcocl.........	12°°30
		Acide lactique..	7.60
		Eau............	822.54
		Total.....	1 000.00

Ces deux analyses sont empruntées à la thèse de M. Dinitch (1). Nous devons dire pour en faciliter la compréhension, qu'on prépare trois sortes de Képhir, le n° 1 qui a un jour de fermentation ; le n° 2 qui a deux jours et le n° 3 qui a trois jours. Selon le cas, on peut prendre l'une ou l'autre de ces préparations.

Il n'en est pas de même du Koumys qui se consomme après plusieurs mois. Du reste, c'est une des raisons qui lui font préférer le Képhir, cette liqueur est trop alcoolisée.

(1) Kosta Dinitch, *loc. cit.* p. 34.

Le tableau suivant emprunté au travail de M. Zborowski (1) va nous le montrer :

Sur 100 parties de lait	Lait de vache	Képhir de 2 jours	Koumis de 2 jours
Substances albuminoïdes..	48.0	38.000	11.200
Beurre..................	38.0	20.000	20.500
Lactose.................	41 0	20.025	22 000
Acide lactique..........	0 0	9 000	11.500
Alcool..................	0.0	8.000	16.500
Eaux et sels............	873 0	904.975	918 300
Total.......	1000.0	1000.000	1000.000

Ces chiffres sont assez éloquents sans que nous venions les gâter par des commentaires.

Qu'il nous suffise de constater les résultats thérapeutiques du Képhir obtenus à Paris.

Citons d'abord les indications de Zborowski :

« Le Képhir peut, non seulement maintenir la vie chez les enfants privés de sein, mais encore les rendre forts et robustes. Il rend de grands services aux nourrices qui n'ont pas assez de lait ou dont le lait est trop faible.

« A tous les convalescents, à tous les opérés, à tous les gens affaiblis par les excès, le travail ou les privations l'emploi du Képhir est absolument indiqué.

« Les catarrhes chroniques des voies digestives, les ma-

(1) C. Zborowski. *Le Kéfir ou Koumys du lait de vache* (*Montpellier médical* du 14 juin 1884), p. 517.

ladies des femmes, l'anémie, la chlorose, la scrofulose, le rachitisme, en un mot toutes les maladies où la nutrition doit être relevée d'une manière vigoureuse, trouveront dans le Képhir presque leur spécifique.

« Quant aux maladies des voies respiratoires, et surtout la phtisie pulmonaire au premier degré, le Kéfir rend journellement des services tellement signalés que nombre de patriciens russes le considèrent comme le moyen le plus efficace pour combattre cet état morbide.

« J'aurais moi-même, si l'espace me le permettait, plusieurs exemples à citer de l'influence salutaire du Képhir dans le début de la phtisie et même dans son degré le plus avancé. Deux de ces exemples concernent des membres de ma famille qui, tuberculeux depuis quelques années, vivent et se portent on ne peut mieux, grâce surtout à l'emploi judicieux du Képhir. — Je remets ces observations à un travail ultérieur (1). »

Les remarquables thèses des docteurs Saillet (2) et Dinith (3), contiennent de nombreuses observations qui confirment ces indications.

M. Dujardin-Beaumetz l'employe à l'hôpital Cochin contre l'alcoolisme et le catarrhe de l'estomac. Le professeur R. Lépine (de Lyon) l'a employé avec succès pour l'ulcère de l'estomac, le catarrhe et la dilatation stomacale. Le professeur Huguenin (de Zurich) en est très satisfait dans le traitement des maladies des poumons. Le Dr Saillet l'a trouvé comme le remède le meilleur dans le cas de cancer stomacal. Le professeur Monti (de Vienne) lui doit de nombreux succès dans sa polyclinique infantile. Ce pro-

(1) C. Zborowski, *loc. cit.* p. 522.
(2) Dr Saillet. *Les laits fermentés*, thèse de Paris, 1886.
(3) Dr Dinitch, *Loc. cit.* p. 46 et suivantes.

fesseur le regarde comme indiqué dans l'anémie, l'amaigrissement après les maladies consomptives, fébriles graves, le catarrhe des voies respiratoires, les pneumonies chroniques (1).

Le docteur Weiss dit avoir obtenu des résultats merveilleux dans les affections stomacales chroniques. Les docteurs Stern et Loewenstein (de Berlin) constatent les mêmes résultats dans les mêmes cas. De même aussi, le professeur O. Wyss, dans sa clinique de l'hôpital cantonal de Zurich.

En Russie, on employe le Képhir dans toutes les maladies, surtout dans les cas de phtisie. On a créé, du reste, dans tout l'empire des établissements où l'on applique la cure képhirique avec d'éclatants succès.

En France, le Dr Dujardin-Beaumetz l'employa le premier et réussit, outre les cas indiqués plus haut, dans les dyspepsies, gastrites et phtisies chroniques, et l'hôpital Saint Antoine, le professeur Hayem combat au moyen du Képhir la diarrhée verte infantile. De même le docteur Jules Simon combat les vomissements et les diarrhées des enfants, à l'hôpital des Enfants Malades, par l'emploi du Képhir et grâce à l'acide lactique qui s'y trouve (2).

Enfin, des observations des docteurs Ivanowitch, Raimondi, Goubert et Dinitch constatent plusieurs cures faites soit dans les services hospitaliers, soit en ville, grâce à l'emploi du Képhir et dans des cas diversement graves de tuberculose.

En sorte que le Képhir est un agent si excellent que la médecine doit l'employer dans tous les cas où il rend de si bons services.

(1) Prof. Monti, *Wien. Med. Allgem. Ztg.* 1887, nos 22 et 23.

(2) Voir *Bulletin de l'Acad. de Médecine*, 17 mai 1887, communication de M. le Dr Hayem au nom de M. Lesage.

Malheureusement, tous ces laits médicamenteux sont d'un emploi très restreint. On doit donc, dans l'intérêt général, vulgariser cet emploi. Il est certain que ce que nous en savons donne à penser que la santé publique ne s'en trouvera que mieux.

Il faut enseigner et la manière délicate dont on les prépare et mettre leurs procédés de préparation entre un grand nombre de mains ; de manière à en avoir une production suffisante.

Cet enseignement, cela va de soi, devrait être du nombre des matières à exiger qu'un certain nombre d'individus possédassent, car s'il en était ainsi ces produits deviendraient rapidement d'un commun emploi. En sorte qu'il serait bon de les voir joints au commerce du lait auquel ils se rattachent tout naturellement.

CHAPITRE XIV

LAITS CONCENTRÉS

Ce chapitre ne devait pas exister dans notre ouvrage. Les produits que nous allons y examiner sont depuis longtemps jugés par les hygiénistes de tous les pays et si les 46 sortes de laits concentrés constatées au congrès de Dresde, en 1878, par le docteur Hoffmann, trouvent encore des consommateurs, c'est grâce à une réclame effrénée qui parvient par son développement à couvrir la voix de la science.

Nous ne voulions leur accorder que le silence, lorsque, à notre grande surprise, nous avons vu M. Duclaux lui-même en recommander l'emploi dans la conférence que nous avons déjà relatée, — faite le 22 mars dernier à l'association française pour l'avancement des sciences ! Oui, M. Duclaux, lui-même.

Il est très vrai que c'était la vraie solution à la question examinée par l'éminent professeur.

M. Duclaux, en effet, présentait le tableau suivant sur la proportion, *ad valorem*, des éléments nutritifs dans le lait et les principales denrées alimentaires :

Gruyère	0 75
Lait	1 »»
Brie	2 »»

Viande de mouton	2 60
Viande de bœuf.	2 70
Œufs.	3 80
Bouillon	5 »»

Il résulte de ces prix comparatifs, que la substance azotée contenue dans un litre de lait pur, à 1 franc, prix fort, ne serait obtenue en absorbant du bœuf, des œufs et du bouillon qu'à des prix très supérieurs.

On voit dans quelle sorte d'avilissement se trouve le prix du lait. M. Duclaux se demandait quelle en était la cause et constatait que c'était sa prompte altération due à un développement considérable de microbes au sein du liquide.

En effet, dans un litre de lait, la pullulation des animalcules suit la progression presque incroyable que voici :

1 h	9.500.000
4 h	30.000.000
8 h	230.000.000
25 h	63.000.000.000

Ces chiffres donnés par M. Miquel nous convaincraient qu'au bout de 25 heures le lait peut être tourné, si nous ne le savions déjà.

Il en résulte que, à tout prix, il faut se débarrasser de ce produit sous peine de le perdre. Mais si le producteur pouvait le conserver, ce produit, et n'être pas obligé de s'en défaire immédiatement, on pourrait arriver à rendre au lait son prix légitime, basé sur sa richesse nutritive. Or, il y a un moyen de conserver ainsi le lait. Le soumettre aussitôt trait à l'ébulition, et souder, à la boite où on l'aurait mis, un bouchon quelconque de manière à empêcher tout contact avec l'air. Et comme le procédé est trop délicat, on peut plus simplement concentrer le lait. Ainsi, on pourra le conserver deux ou trois mois et par là le vendre au prix qu'il mérite réellement.

Certes, la solution est excellente si l'on s'en tient à ce point de vue. Et M. Duclaux qui s'y tenait montrait sur sa table des boîtes de lait concentré venant de maisons connues.

Il n'y a qu'un mal à tout cela, c'est que M. Duclaux a trop vite oublié le terrain hygiénique sur lequel il s'était placé quelques instants auparavant. Car, je ne doute pas que sa conclusion, au point de vue de l'hygiène eût été toute différente de sa conclusion économique.

Il n'ignore pas, en effet, qu'il est deux sortes de laits concentrés : les laits sucrés et les laits sans sucre.

M. Voelcker qui en a fait une étude spéciale en donne les analyses suivantes :

PRINCIPES 0/0 en poids	Lait concentré sans sucre		
	N° 1	N° 2	N° 3
Eau	56.96	56.92	51.72
Matière grasse	16.02	17.09	14.33
Caséine et albumine	8.50	7.62	11.69
Sucre de lait	16.32	16.22	19.51
Sels	2.20	2.15	2.75
Totaux	100.00	100.00	100.00
Azote des matières protéiques	1.36	1.22	1.87

PRINCIPES 0/0 en poids	Lait concentré sans sucre				
	N° 1	N° 2	N° 3	N° 4	N° 5
Eau	21.68	23.49	22.45	24.53	23.49
Matière grasse.......	9.92	0.47	10.60	6.22	9.53
Caséine et albumine (1)....	9.19	9.27	8.82	9.44	7.43
Sucre de canne et lactose....	56.98	58.66	55.96	57.72	57.34
Cendre	2.23	2.11	2.17	2.09	2.21
Totaux....	100.00	100.00	100.00	100.00	100.00
(1) Azote des matières albuminoïdes......	1.47	1.48	1.41	1.51	1.19

M. Vœlcker (1) dit des premiers, qui contiennent 56 0/0 d'eau — quantité trop grande pour empêcher la fermentation ;

« Lorsque ces conserves furent ouvertes, l'une d'elles commençait déjà à fermenter et les deux autres devinrent acides le lendemain de leur ouverture. Nous ferons remarquer que dans la préparation de tous les échantillons que nous avons soumis à l'analyse, on n'avait employé aucune préparation à base d'acide borique ou d'acide salycilique. »

Pour les seconds, voici ce qu'en dit M. Voelcker :

« Tous ces échantillons étaient bien préparés et susceptibles d'une longue conservation ; ces conserves enfermées dans des boîtes de fer blanc se présentaient dans

(1) Voir l'article entier de M. Vœlcker, *in Analyst*, décembre 1881. — Voir aussi *Documents sur les falsifications des matières alimentaires*, p. 646 à 662.

d'excellentes conditions. Entièrement solubles dans l'eau chaude, elles produisaient un liquide d'apparence laiteux et d'un goût douceâtre. »

Mais l'opinion de l'auteur sur les laits concentrés va nous éclairer sur la valeur de ces produits :

« La qualité d'un lait concentré ne dépend pas de la délicatesse, de la saveur et de la quantité de crême qu'il contient ; le lait concentré pauvre en matière grasse est en général préféré par le consommateur au lait riche en beurre.

« On croit généralement que le lait concentré est le résultat de l'évaporation à une basse température du lait frais tel que l'animal le produit ; il en est autrement, car tous les échantillons analysés provenaient de lait plus ou moins écrémé.

« Si on concentre un lait crémeux avec tous les soins possibles, le résidu de l'évaporation, mélangé avec de l'eau, laisse monter, à la surface, des globules graisseux ; il contracte un goût rance, et ne possède pas le même goût que le lait concentré provenant d'un lait écrémé. Il est prouvé qu'un lait pauvre, ou écrémé, donne de meilleurs résultats. Nous ajouterons qu'à tous les points de vue, soit physique, soit chimique, le lait concentré ne saurait remplacer le lait frais. »

Du reste pour ceux qui croiraient encore aux laits concentrés, nous allons reproduire un tableau comparatif dû au laboratoire municipal de Paris. Les produits mis en regard du lait pur ordinaire ont été obtenus avec du lait concentré préparé comme l'indiquait l'étiquette de chaque boîte :

ÉLÉMENTS du Lait.	N° 1 Réparation ordinaire 1 p. de lait concentré 5 p. d'eau	N° 2 Boisson pour les nourrissons. 1 p. de lait concentré 10 p. d'eau	Composition du lait pur ordinaire
Sucre cristallisable.......	78.90	39.45	»».»»
Lactose	28.98	14.04	50.00
Beurre..................	20.84	10.42	40.00
Caséine et Albumine.....	18.98	9.49	36.00
Cendres	3.32	1.66	7.00
Eau	848.98	924.94	867.00

La lactose, le beurre, la caséine et les sels sont en quantité infime dans ces deux boissons, bien que ces substances soient les principes essentiels du lait. Bien plus, le total de ces éléments dans le n° 1 qui est le plus riche donne 72 gr. 12 de matières fixes. Dans le lait pur, la quantité pour ces mêmes matières est de 133 gr.

« Nous sommes donc amenés à conclure que la préparation n° 1 correspond à du lait mouillé à près de 50 0/0 d'eau (1). »

Et notez que ces échantillons sont ceux de la meilleure maison !

Par contre, tous ces produits sont généralement riches en sucre. Le sucre, en effet, aide à la conservation, et on s'explique par là son emploi. Il vient en outre masquer par son goût les nombreux défauts qui s'y trouvent.

Seulement, ce sucre brûle l'estomac des enfants, anni-

(1) *Documents sur les falsifications des matières alimentaires*, p. 650.

hile peu à peu la vigueur de leurs fonctions digestives, aidé qu'il est en cela par le reste de la préparation, si indigeste que tous les hygiénistes l'ont condamnée.

La prétention de ces produits et surtout les réclames qui leur sont faites nous ont fait songer à un passage de l'admirable ouvrage d'E. Souvestre : *Le monde tel qu'il sera*. Ce passage nous montre les progrès de l'allaitement des enfants en l'an 3000. Comme, de plus en plus, les femmes veulent s'affranchir des charges de la maternité et violer par là les grandes lois de la nature ; comme certains savants ou mieux pseudo-savants leur en donnent l'exemple en préconisant tous les jours l'emploi de substances artificielles destinées à remplacer celles que la nature a mises à la disposition de l'homme, ces lignes sont tout à fait d'actualité et nous nous en voudrions de ne pas les reproduire. Le tableau du reste est très intéressant, fait avec un humour et un esprit tels qu'on ne regrettera pas de les lire :

« Ainsi rêvait Marthe, à la fois triste et joyeuse ; joyeuse par l'espoir du sacrifice, triste par la crainte de l'oubli !

« Mais, tandis qu'elle évoquait ce rêve entrecoupé, la calèche avait abaissé son vol, et M. Atout déclara qu'ils étaient rendus.

« Devant eux s'élevait un édifice, dont l'aspect participait à la fois de la caserne, du collège et de l'hôpital.

« L'académicien leur apprit que c'était la maison d'allaitement.

— Et toutes les nourrices y demeurent ? demanda Marthe.

« M. Atout sourit.

— Des nourrices, répéta-t-il ; vous parlez d'une habitude des siècles barbares !

— Alors, reprit Marthe, les enfants sont élevés par leurs mères ?

— Fi donc ! interrompit l'académicien, ce serait encore pis. La civilisation a fait comprendre la folie d'une pareille dépense de temps et de soins. Ici comme partout, nous avons substitué la machine à l'homme. De votre temps, il n'y avait qu'une université de professeurs ; nous avons agrandi l'institution en créant une université de nourrices. Le nouveau-né est mis au collége le jour de son entrée dans le monde, et nous revient dix-huit ans après, tout élevé. Il serait difficile, comme vous le voyez, de simplifier davantage les liens de la famille. Plus de gênes ni d'inquiétudes ! L'enfant est aussi libre que s'il n'avait point de parents, les parents aussi libres que s'ils n'avaient point d'enfants. On s'aime tout juste autant qu'il le faut pour se souffrir ; on se perd sans désespoir. Les générations se succèdent dans la même maison, comme des voyageurs dans la même auberge. Ainsi a été résolu le grand problème de la perpétuation de l'espèce, en évitant l'association passionnée des individus.

« Comme il achevait, la calèche s'arrêta devant un immense édifice, à l'entrée duquel on avait gravé en lettres colossales :

UNIVERSITÉ DES MÉTIERS-UNIS

INSTITUTION POUR LES JEUNES GENS ET LES JEUNES DEMOISELLES NON SEVRÉS

ALLAITEMENT A LA VAPEUR

« Une machine, sculptée sur le fronton, était entourée de nourrissons, vers lesquels elle étendait ses bras d'aciers et ses mamelles de liège vernis. Au-dessus se lisait la sainte légende :

Laissez venir à moi les petits enfants !

« Lorsqu'il se présenta au bureau, M. Atout dut indiquer le numéro d'ordre sous lequel son fils avait été inscrit. Le commis feuilleta son catalogue d'enfants, et dit brièvement :

— Salle Jean-Jacques Rousseau, quatrième rayon, case D.

« L'académicien prit le bras de milady Ennui (sa femme), et se hasarda à travers les immenses corridors.

« De loin en loin, des gardiens portant le costume de l'établissement, composé d'un tablier de taffetas ciré et d'une coiffure en forme de biberon, indiquaient aux visiteurs la direction qu'ils devaient prendre. Marthe et Maurice longèrent d'abord une galerie, où des métiers de différentes formes tissaient des layettes ; puis une seconde, où d'autres fabriquaient de petits cercueils. De là, ils traversèrent une cour pleine de paniers à roulettes, dans lesquels les enfants apprenaient à marcher, et arrivèrent devant un vaste atelier éclairé par la flamme des grands fourneaux.

— Vous voyez les cuisines de l'établissement, dit M. Atout en s'arrêtant ; c'est là que se fabrique le breuvage destiné aux enfants. On avait cru longtemps que l'aliment le plus convenable pour les nouveaux-nés était le lait de leur mère, mais la chimie a démontré qu'il était malsain et peu nourrissant. L'Académie des Sciences a, en conséquence, nommé une Commission qui a donné la recette d'un breuvage plus rationnel. Il se compose de quinze parties de gélatine, de vingt-cinq parties de gluten, de vingt parties de sucre et de quarante parties d'eau, le tout composant une mixtion connue sous le nom de *supra-*

lacto-gune ou *lait de femme perfectionné*. Une expérience sans réplique a, du reste, prouvé l'excellence de ce breuvage : c'est que tous les nouveaux-nés qui refusent d'en boire (et ils sont nombreux) tombent, par suite, dans la langueur et meurent infailliblement au bout de deux ou trois jours. Quant aux procédés employés pour la distribution du *supra-lacto-gune*, vous allez pouvoir en juger vous-mêmes.

« A ces mots, M. Atout ouvrit une porte et les visiteurs se trouvèrent dans la salle des allaitements.

« C'était une immense galerie garnie, aux deux côtés, d'espèces de planches à bouteilles sur lesquelles les enfants étaient assis côte à côte. Chacun d'eux avait devant lui son numéro d'ordre et le biberon breveté qui lui tenait lieu de mère. Une pompe à vapeur, placée au fond de la salle, faisait monter le *supra-lacto-gune* vers des conduits qui le partageaient ensuite entre les nourrissons. L'allaitement commençait et finissait à heure fixe, ce qui donnait aux enfants l'habitude de la régularité. Tous devaient avoir un même appétit et un même estomac, sous peine de jeûne ou d'indigestion; on eût pu inscrire à l'entrée de la salle, comme sur les portes républicaines de 1793 :

L'Egalité ou la mort !

« M. Atout fit admirer à ses compagnons tous les détails de cet établissement modèle auquel on devait, selon son heureuse expression, l'anéantissement des superstitions maternelles. Il prouva qu'en employant les machines on avait réalisé, sur chaque nourrisson, un bénéfice de 3 centimes par jour, ce qui donnait, pour l'année, 9 fr. 95 c., et pour les 10 millions de nouveaux-nés, près de 100 millions d'économie ! Il expliqua ensuite de quelle manière l'établissement se trouvait partagé en neuf salles correspondant aux neuf classes de la Soeiété. Le breuvage, les soins, l'air et le soleil y étaient distribués conformément au principe de justice romaine : *Habitâ ratione personarum et dignitatum*. Les enfants de millionnaires avaient neuf parts et les fils de mendiants le neuvième d'une part, ce qui leur servait à tous d'eux d'apprentissege pour les inégalités sociales. L'un s'accoutumait ainsi, dès le premier jour, à tout exiger; l'autre à ne rien attendre. Merveilleuse combinaison qui assurait à jamais l'équilibre de la République !

« Pendant ces explications, milady Ennui cherchait son numéro, c'est-à-dire son fils dont elle avait vanté à Marthe les grâces enfantines. Elle l'aperçut enfin dans sa case, mais le *supra-lacto-gune* produisait son effet ordinaire, et l'héritier des Atout se tordait comme un ver coupé en quatre.

« Le médecin de service averti, accourut aussitôt et déclara que les contorsions du n° 743 tenaient à des douleurs aiguës affectant spécialement les régions du côlon, d'où elles avaient pris vulgairement le nom de coliques; mais l'académicien protesta contre cette étymologie. Il fit observer que colique avait le même radical que colère, et ne pouvait venir que du grec χολη, *bile*. Il en résulta une longue discussion, émaillée de citations malgaches, syriaques ou chinoises, pendant laquelle le numéro endolori continuait à subir le mal dont on discutait le nom. Enfin, le docteur et M. Atout, n'ayant pu s'entendre, s'en allèrent chacun de son côté, bien décidés à écrire un Mémoire sur la question.

« Quant à milady Ennui, scandalisée des grimaces de son héritier, elle avait passé outre avec ses deux hôtes et s'occupait à leur faire remarquer la grandeur opulente de ce qui les entourait.

« Les murs étaient tapissés de nattes précieusement travaillées, les plafonds chargés de moulures ciselées, les fenêtres ornées de rideaux de soie à crépines d'or. On avait garni les cases des nourrissons de tapis moëlleux, les numéros brillaient sur des plaques émaillées, de larges ventilateurs de gaze rayée d'argent renouvelaient sans cesse l'air des galeries ; l'industrie, en un mot, avait épuisé son luxe et sa prévoyance en faveur des nouveaux-nés ; il ne leur manquait absolument que des mères.

« A la suite des salles d'allaitement se trouvait le second établissement destiné au sevrage. On y recevait les enfants de quinze mois et ils étaient soumis, dès lors, à une combinaison d'exercices destinés au perfectionnement des organes. Il y avait un appareil pour leur apprendre à voir, un second pour leur enseigner à entendre ; d'autres encore pour les habituer à déguster, à sentir, à respirer.

— « De notre temps, dit M. Atout à Maurice, l'enfant était abandonné à lui-même ; il se servait de ses poumons sans savoir comment ; il agissait sans apprentissage ; il s'exerçait à vivre en vivant ! Méthode barbare que l'absence de lumières pouvait seule justifier ! Aujourd'hui, nous avons amélioré tout cela. L'espèce humaine n'est plus qu'une matière vivante à laquelle nous donnons une forme et une destination, la Providence n'y est pour rien. Nous lui avons ôté le gouvernement du monde qu'elle dirigeait sans discernement, et nous fabriquons l'homme à l'instar du calicot, par des procédés perfectionnés. » (1)

Que de perles dans ces lignes de Souvestre. Que de

(1) Emile Souvestre. *Le Monde tel qu'il sera*, édition illustrée de W. Coquebert, éditeur, p. 77 à 83.

traits d'esprit, et de cet esprit français si fin, si piquant, si plein de raillerie, qui en dit plus en deux mots que des pages entières de développement sur le même sujet !

J'ai tenu à citer ce passage en entier, de peur de le déflorer. Il est des choses si belles qu'on a peur de les toucher et c'est le sentiment que j'ai ressenti en transcrivant ces quelques pages.

Leur forme humorique est plus éloquente avec ses traits railleurs que toutes les expériences du monde. Qu'on la médite et qu'on en conserve la leçon, car c'est le bon sens même qui y éclate partout et à chaque ligne.

« Nous fabriquons l'homme à l'instar du calicot, par des procédés perfectionnés ! » Les savants n'ont pas encore tenu cet audacieux langage, mais quelques-uns, dont Liebig, sont entrés dans cette voie avec les laits concentrés, comme d'autres le font dans d'autres directions !

C'est au bon sens public à ne pas les suivre et à se souvenir que, quoi que fasse l'homme, comme il lui est impossible de pénétrer entièrement les lois de la nature, ce qu'il a de mieux à faire est de s'y conformer en en tirant tout le parti possible. C'est ce que lui commandent, du moins, la plus élémentaire sagesse et l'intelligence la plus simple.

CHAPITRE XV

CONCLUSION

En résumé, le lait naturel et frais est le seul qui puisse produire de bons résultats.

Le lait stérilisé n'est plus du lait. Le lait concentré n'en est pas davantage; le lait bouilli non plus. Tous ressemblent, plus ou moins, au *supra-lacto-gune* de l'Université des Métiers-Unis qu'Emile Souvestre nous montre si bien dans le *Monde tel qu'il sera*, puisque *chimiquement*, s'ils contiennent les mêmes substances que le lait naturel et frais, les contiennent, du moins, sous des états différents de ceux que la nature leur a donné dans le sein même de l'animal.

Aussi, la part de ces laits dans la mortalité de l'enfance est-elle très grande et ne doit-on pas en être surpris, si considérable que soit le nombre des décès d'enfants amenés par les maladies des voies digestives, puisque l'*Annuaire de Statistique de la Ville de Paris*, pour l'année 1887, nous donne 38,20 décès pour 100, et celui de l'année précédente 41,99 pour 100, chiffres exacts des décès des enfants de 0 à 5 ans, dus aux maladies des voies digestives.

Ces chiffres nous donnent une moyenne annuelle de 40 décès pour 100. Le nombre des décès d'enfants de cet âge étant annuellement, et en moyenne, de 16,500, on voit qu'il meurt par ces produits, et annuellement, 6.000 enfants, en moyenne, rien qu'à Paris.

Que faire donc pour combattre cette mortalité absolument effrayante, sinon tâcher d'éliminer de l'alimentation de l'enfance tous ces produits si désastreux pour les estomacs délicats des êtres en voie de formation ?

D'autre part, les laits naturels consommés à Paris sont susceptibles de nombreuses améliorations. Nous avons vu qu'ils sont loin d'être parfaits, mais que leurs inconvénients tiennent uniquement à une ignorance trop grande de la technologie laitière.

Nous avons vu les services que pourraient rendre à la science les propriétaires de vaches laitières ; nous avons montré que ces services s'appliquaient, non-seulement à l'hygiène publique, mais qu'encore ces propriétaires se trouvaient dans une situation absolument unique pour apporter à la médecine des matériaux sérieux reposant, non sur des théories, mais sur l'observation, — matériaux qui éclaireraient les savants sur les maladies en général, et surtout sur les maladies contagieuses. Il n'y a qu'eux qui puissent en apercevoir l'origine et en suivre le développement.

Nous avons vu encore quels services la médecine tirerait des laits médicamenteux dans tous les cas (et ils sont nombreux) où le médicament offre quelque inconvénient sous la forme naturelle.

Pour toutes ces raisons, nous demandons la création, à Paris, d'une Ecole pratique de Laiterie, où l'on enseignera, outre la technologie laitière, l'étude des maladies contagieuses, celle de l'analyse chimique et bactériologique du lait, celle de l'alimentation en général, et aussi, une étude approfondie des maladies de l'enfance quelle qu'en soit la nature.

Qu'on ne s'étonne pas de cette dernière demande. Quelques laitiers éclairés — oh! ils ne se chiffrent pas à 10! — nous ont transmis une observation assez originale et que voici :

« Souvent, nous disaient-ils, on vient nous faire des reproches sur la qualité du lait, lorsque ce lait employé pour l'alimentation d'enfants ou de malades a été plus ou moins bien digéré. Pour les enfants, surtout, il arrive le plus souvent que cette mauvaise digestion est le premier symptôme de troubles qui vont survenir chez l'enfant; symptôme produit, soit par une maladie grave, soit par une de ces affections sans importance auxquelles le premier âge surtout est soumis, telles que la fièvre des dents, par exemple. En faisant quelques questions aux parents, il est très facile de s'en rendre compte. Et, à l'aide de cette petite enquête, nous avons pu prévenir souvent une affection qui aurait pu devenir grave, en attirant, dès l'origine, l'attention des parents et provoquant, par là, l'intervention du médecin qui arrive, alors, assez à temps pour parer à des complications qui pourraient devenir néfastes. C'est là un fait d'expérience journalière qui ne manque pas d'une réelle importance, aisée à concevoir. »

Ce fait est, d'ailleurs, très compréhensible pour qui connait la manière dont s'opère la digestion du lait. Mais laissons la parole à Ch. Richet :

« Résumant cette discussion, dit le savant auteur de l'*Homme et l'Intelligence*, nous voyons que le lait, dès qu'il arrive dans l'estomac, fermente immédiatement, que le suc gastrique est le milieu le plus favorable à sa fermentation, mais que, s'il est très acide, cette fermentation est plus lente. Quelques gouttes de lait dans un suc gastrique très abondant et très acide feront, au bout de deux heures, un liquide à peine plus acide qu'une masse considérable de lait alcalin avec quelques gouttes de suc gastrique. On peut retrouver, ici, la confirmation de ce que nous disions plus haut sur l'équilibre de l'acidité stomacale. Chez les jeunes animaux cet équilibre est très nécessaire. Quand ils ont ingéré beaucoup de lait, il faudrait une grande quantité de suc gastrique pour acidifier tout ce lait, tandis que c'est le lait, lui-même, qui en fait les frais, et qui, par ses modifications propres, devient acide. Mais, comme l'acidité de l'estomac ne doit pas dépasser une certaine limite, si le suc gastrique est très acide et le lait peu abondant, cette fermentation est très peu développée.

« Si nous insistons ainsi sur la digestion du lait, c'est que le lait est l'aliment par excellence, celui qui convient à toutes les époques de la vie, et qui est nécessaire au développement des jeunes mammifères.

« Il semble donc qu'il y ait entre ces deux liquides, le lait et le suc gastrique, une sorte d'affinité telle que la fermentation du lait ne se produise bien qu'en présence du suc gastrique. En effet, la fonction du lait est d'être digérée par le suc gastrique ; et on ne peut empêcher de voir dans cette relation une sorte d'adaptation acquise par l'hérédité (1). »

Ce qui a fait dire au docteur Dujardin-Beaumetz :

« De tous ces actes digestifs, Messieurs, c'est l'action sur l'estomac et sur l'intestin qu'il faut retenir. Comme l'a fort bien dit Ch. Richet dans son beau travail sur le suc gastrique, le lait est le régulateur de l'acidité de ce suc. Quand cette acidité fait défaut par suite de la destruction des glandes à pepsine, le lait fournit, par son acide lactique, un élément nécessaire à la digestion stomacale.

(1) Ch. Richet, *Du suc gastrique chez l'homme et chez les animaux*, Paris, 1878, p. 109.

Quand, au contraire, l'acidité est trop grande, la précipitation de la caséine entraîne une certaine quantité de cet acide et atténue ainsi cette acidité exagérée (1). »

En sorte que la digestion du lait est, chez l'enfant et le malade, une sorte de thermomètre chargé d'indiquer les variations de la santé, et que nous avons bien raison de demander la connaissance des maladies de l'enfance puisque toutes se répercutant sur les fonctions digestives, si le marchand les connaît, il pourra les déceler à l'origine et par là les prévenir par l'intervention du médecin.

C'est un argument de plus pour bien prouver la nécessité d'un tel enseignement.

Nous avons cité plus haut (p. 26 et suivantes), le rapport du Conseil d'Hygiène de 1857, regardant comme inutile l'institution d'un enseignement spécial. Depuis les découvertes sur les dangers de contagion par le lait, les choses ont totalement changé et ces dangers, nous l'avons vu, réclament surtout la création de cet enseignement.

Non que le danger soit aussi grand qu'on le prétend. Car il ne suffit pas que le lait *puisse* transmettre la maladie, il faut encore que le microbe trouve un milieu tout préparé et favorable à son développement.

Est-ce que M. le docteur Deschamps n'a pas dit, récemment, dans son rapport au Conseil municipal de Paris, à propos des cuisines insalubres, que la tuberculose faisait des ravages effrayants parmi les cuisiniers ? Or, cette maladie ne tue sa victime, le plus souvent, que très lentement, de sorte que ces malheureux peuvent, pendant plusieurs années, ensemencer les aliments qu'ils manipulent.

(1) Dr Dujardin-Beaumetz, *Leçons d'Hygiène alimentaire*, Paris 1888.

Et pourtant, on ne se plaint généralement pas de cette cause d'infection infiniment plus sérieuse que celle de la contagion par le lait.

Mais il faut établir cette Ecole pour éliminer de Paris les épizooties et pouvoir, avec la certitude d'un lait non tuberculeux et sain, combattre la tuberculose humaine, transmise par voie d'hérédité. Comme nous l'avons dit, une bonne jeunesse infuse à l'être, en quelque sorte, un sang nouveau. L'enfant issu de parents tuberculeux, nourri au sein de sa mère, ne saurait échapper à cette affection. Nourrissez-le artificiellement, puisque — le tableau de Fleisehmann en est la preuve — le lait de vache est plus fortifiant que le lait de femme et vous combattrez ainsi sûrement le mal en donnant à l'être assez de forces pour lui résister.

C'est la seule mesure prophylactique raisonnable, parce qu'elle est saine et naturelle.

On voit par toutes ces considérations les résultats que produirait la création d'une Ecole de Laiterie : liberté pour le producteur; certitude, pour le consommateur, d'un produit sain; diminution des décès causés par la tuberculose, amenée et par des guérisons et par la meilleure de toutes les prophylaxies, la préservation de l'enfance; progrès obtenus pour la science médicale; enfin, disparition de toutes ces substances factices à qui l'on doit tant de morts et tant d'organismes débilités. En sorte que cette institution s'impose, ayant, du reste, un personnel enseignant, tout indiqué d'avance en la personne des savants éminents que leur situation particulière désigne tout spécialement.

Peu à peu, s'installeront, dans Paris, des laiteries hygiéniques. Peu à peu, aussi, disparaîtront les mauvais produits.

Il est, du reste, un moyen bien simple de les proscrire.

Le laitier de Paris paye des droits exorbitants sur tous les produits destinés à alimenter ses bestiaux. Les laits étrangers ne sont soumis à aucun droit. Or, frapper les fourrages, les issues, etc., destinés à l'alimentation des bestiaux, c'est frapper le lait. En sorte que le laitier de Paris, qui y est établi et paye des redevances à la ville, est frappé d'un droit d'octroi sur son lait, tandis que l'étranger, qui, lui, ne paye rien, y vend en toute franchise des produits plus mauvais et dont on paye si cher, au point de vue de la mortalité, la consommation considérable !

Est-ce juste et le Conseil municipal de Paris n'a-t-il pas dans son devoir de faire cesser une injustice aussi flagrante, étant donnée qu'elle est si nuisible à la santé publique?

La question a été agitée, mais non résolue parce qu'alors on considérait les produits étrangers comme plus sains. Maintenant que nous avons prouvé que c'est tout le contraire, nous posons de nouveau la question.

Il faut frapper d'un droit les produits nuisibles à la santé publique, dans un but de préservation, de conservation sociale. Ainsi on établira une égalité de prix. Et par ce seul fait, les mauvais produits disparaîtront, car si, à qualité égale, l'acheteur préfère le meilleur marché ; du moins à prix égaux il choisira le meilleur, — c'est-à-dire le lait frais.

Nous indiquons le remède. Aux édiles de Paris de l'appliquer sans hésitation comme sans faiblesse. Nous avons du reste la ferme conviction qu'ils ne failliront pas à ce devoir. Deux des plus éminents d'entre eux, membres du jury du dernier Concours culinaire de Paris, nous en ont laissé la certitude. Toutes les fois qu'il est une bonne initiative à prendre, on est sûr de les trouver en première ligne. C'est pourquoi ils nous ont encouragé. Nous les remercions d'avance de leur appui, car ainsi le but sera prochainement atteint pour le plus grand bien et de notre capitale et de la patrie.

Chez les anciens, le lait, ce nectar argenté, comme disait saint Lambert, entrait comme élément du culte. Les moissonneurs en offraient à Cérès, les bergers à Pallas. Et, à Rome, dans le *vicus sobrius*, un lait pur couronné d'une mousse écumante servait, au lieu de vin, à rendre hommage à Mercure. Je crois que bientôt, au lieu d'employer le lait à rendre hommage aux Dieux, nous aurons à lui rendre hommage pour les services éclatants que par sa nature même il est appelé à rendre à la santé publique. Et si, comme nous l'espérons, on ne parvenait encore qu'à réduire, grâce à lui, de moitié, la mortalité de l'enfance, ne pensez-vous pas que cet hommage serait mérité?

Nous avons la ferme conviction qu'il en sera ainsi. Aussi nous ne regrettons pas le travail qu'il nous a donné, ni le temps consacré à son étude, car il est en situation de tenir toutes les promesses que nous fait sa merveilleuse nature, et il les tiendra.

FIN DU TOME Ier

Amiens. — Imp. ROUSSEAU-LEROY et Cie, 18, rue Saint-Fuscien.

www.ingramcontent.com/pod-product-compliance
Ingram Content Group UK Ltd.
Pitfield, Milton Keynes, MK11 3LW, UK
UKHW012209240726
13966UKWH00002B/661